dtv

Herausgegeben von Olaf Benzinger

Kerstin von Hellfeld, geb. 1966, TV-Produktionsleiterin und Event-Managerin.

Matthias von Hellfeld, Dr. phil., geb. 1954, TV- und Rundfunkjournalist, Historiker, Carl-von-Ossietzky-Preisträger. Zahlreiche Veröffentlichungen zu historischen Themen.

einfach wissen

Das Wichtigste über

Geschichte
& Zeitgeschichte

Von Kerstin und Matthias von Hellfeld

Mit zahlreichen farbigen Abbildungen

Deutscher Taschenbuch Verlag

Ein Überblick über die gesamte Reihe findet sich am Ende des Buches

Originalausgabe
Oktober 2006
© Deutscher Taschenbuch Verlag GmbH & Co. KG,
München
www.dtv.de
Das Werk ist urheberrechtlich geschützt.
Sämtliche, auch auszugsweise Verwertungen bleiben vorbehalten.
Umschlagkonzept: Balk & Brumshagen
Umschlagbild: Reichsapfel, 12.Jh./akg-images
Redaktion, Satz und Innengestaltung: Lektyre Verlagsbüro, Germering
Gesetzt aus der Concorde 9/13°
Druck und Bindung: APPL, Wemding
Gedruckt auf säurefreiem, chlorfrei gebleichtem Papier
Printed in Germany
ISBN-13: 978-3-423-34365-7
ISBN-10: 3-423-34365-6

Inhalt

Vorwort des Herausgebers   7

Persönlichkeiten   9
    Ramses II. • Alexander der Große • Qin Shi Huang Di •
    Gaius Julius Caesar • Karl der Große • Harun ar-Raschid •
    Kubilai Khan • Jalaluddin Muhammad Akbar •
    Peter I., der Große • Friedrich II., der Große •
    George Washington • Napoleon Bonaparte •
    Abraham Lincoln • Otto von Bismarck • Lenin •
    Josef Stalin • Adolf Hitler

Epochen der Weltgeschichte   67
    Die griechische und römische Antike • Völkerwanderung •
    Das Britische Empire • Das Osmanische Reich •
    Renaissance: Der Mensch ist das Maß aller Dinge •
    Aufklärung: Wissen ersetzt Glauben

Wichtige Schauplätze der Weltgeschichte   90
    Jerusalem – die »heilige Stadt« • Athen – Stadt der
    Göttin Athene • Rom – die »ewige Stadt« • Byzanz –
    Konstantinopel – Istanbul: die »Perle« am Bosporus

Wichtige historische Ereignisse   104
    Der Trojanische Krieg • Die Schlacht bei Issos • Die
    Kaiserkrönung Karls des Großen • Die Straßburger
    Eide • Die Entdeckung Amerikas • Die Reformation •
    Der Westfälische Friede • Die »Glorreiche Revolution«
    in England • Die amerikanische Unabhängigkeitserklärung •

Die Französische Revolution • Der Wiener Kongress •
Die Frankfurter Nationalversammlung • Die Schlacht um
Verdun • Die Oktoberrevolution in Russland • Das
Ermächtigungsgesetz • Die Wannsee-Konferenz •
Die Schlacht von Stalingrad • Die Konferenz von Jalta

Anhang   168
Kino- und TV-Filme mit historischen Themen • Zum
Weiterlesen • Namenverzeichnis • Bildnachweis

Vorwort des Herausgebers

Bildung steht wieder hoch im Kurs: Wissen ist wichtig für den beruflichen und den persönlichen Erfolg. Eine gute Allgemeinbildung erhöht nicht nur die Chancen im Leben, sondern auch den Spaß daran. Man kann sogar Millionär damit werden.

Heutzutage steht uns eine nahezu unbegrenzte Menge an Wissen zur Verfügung, das jederzeit aus Büchern, aus anderen Printmedien und aus dem Internet abgerufen werden kann. Dennoch ist ständig die Rede davon, dass das Bildungsniveau nicht steigt, sondern sinkt, und zwar quer durch alle Bevölkerungsschichten.

Über die Ursachen für diese Entwicklung wird viel diskutiert. Eines ist klar: Die steigende Informationsflut macht zusammen mit der wachsenden Medienvielfalt den Erwerb und die dauerhafte Aneignung von Wissen nicht einfacher, eher sogar schwieriger. Was man irgendwann mal gelernt hat, verschwindet aus dem Gedächtnis, was man neu aufnimmt, bleibt nicht richtig darin verankert. Man weiß immer mehr und versteht immer weniger.

Das überraschend schwache Abschneiden der Deutschen in der schon fast sprichwörtlich gewordenen PISA-Studie hat sicherlich viele Ursachen, ist aber gerade auch vor diesem Hintergrund zu verstehen.

Die Reihe ›einfach wissen‹ bietet hier Unterstützung an. Namhafte Wissenschaftspublizisten stellen in acht Bänden ein breites Spektrum von Wissensgebieten vor: von Naturwissenschaft und Technik bis Theologie, von Literatur bis Politik und Wirtschaft, von Geschichte bis Geografie, von Medizin bis Kunst und Musik. Aus dem jeweiligen Fachgebiet werden zentrale Informationen herausgefiltert, die als Grundwissen gelten können. Dadurch entsteht eine solide Wissensbasis, die es erleichtert, weiteres Detailwissen einzuordnen, miteinander zu verknüpfen und im Gedächtnis zu behalten. Die Texte sind in knappen Einheiten aufgebaut, sie sind gut verständlich und unterhaltsam geschrieben.

Eine Fülle von Abbildungen illustriert und ergänzt die Informationen im Text. Im Anhang findet man Lektüreempfehlungen sowie zahlreiche weitere praktische Hinweise und Informationen. So kann man vorhandene Kenntnisse spielerisch auffrischen und sich neue Themenfelder erschließen.

Der vorliegende Band stellt zunächst die herausragenden Persönlichkeiten vor, die durch ihr Wirken und durch ihre Ideen der menschlichen Geschichte maßgebliche Impulse gegeben haben. Ebenfalls im Zentrum stehen einige der herausragenden historischen Prozesse und Ereignisse der Menschheit: von der Antike bis in die Mitte des 20. Jahrhunderts. Eingebettet darin finden sich Artikel und Zusammenfassungen der wesentlichen Epochen und Schauplätze unserer Geschichte. Im Anhang findet sich neben einer kurzen Literaturliste eine ausführliche Aufstellung von Kino- und TV-Filmen, die historische Ereignisse oder Biografien zum Inhalt haben. Ein mit Kurzinfos versehenes Namenverzeichnis rundet den Band ab.

Olaf Benzinger
Germering, im Sommer 2006

Persönlichkeiten

Ramses II. (um 1298 v. Chr. – um 1213 v. Chr.)

Zum ersten Mal trat der junge Ramses bei der Thronbesteigung seines Vaters Sethos I. 1290 v. Chr. ins Rampenlicht der damaligen Öffentlichkeit. Vermutlich war er zu Beginn seines Lebens ein hagerer, hellhäutiger Knabe mit roten Haaren, der zwei Geschwister hatte, von denen sein Bruder schon früh verstarb. Der unscheinbar wirkende Ramses hatte schon früh eine hohe Stellung am Hof des ägyptischen Königs inne, denn mit zehn Jahren wurde er von seinem Vater zum Oberkommandierenden des Heeres ernannt. Zwei Jahre später erlebte er seine ersten Schlachten. Als 15-Jähriger wurde er von Sethos I. zum Mitregenten ernannt.

Die Hethiter, deren Siedlungsgebiet in Anatolien lag, und die Ägypter hatten jahrhundertelang friedliche Umgangsformen gepflegt, die aber durch gleichzeitig stattfindende Thronwechsel in beiden Reichen zerstört wurden. Von diesem Zeitpunkt an machten die Hethiter dem ägyptischen Großreich den Rang als Vormacht des Orients streitig.

Nachdem der hethitische König Muwatalli II. einen Vasallenstaat eingerichtet und die Stadt Kadesch (nördlich des heutigen Beirut) eingenommen hatte, sahen sich die Ägypter bedroht und zogen mit einem beeindruckenden Heer nach Phönizien, wo sich heute der Libanon und Syrien befinden. Zwar konnte Sethos I. die Schlacht für sich entscheiden, aber seine Befriedungsversuche scheiterten.

Kaum hatte er Schlachtfeld und Land verlassen, kamen die Hethiter wieder zurück und besetzten das Land abermals. Nach-

Abu Simbel

dem Ramses 1279 v. Chr. zum Pharao gekrönt worden war, kam es fünf Jahre später bei Kadesch zur entscheidenden Schlacht.

Ramses II. zog in diese Entscheidungsschlacht mit 20 000 Mann – dem größten bis dahin jemals zusammengestellten ägyptischen Heer. Es bestand aus Streitwagen, auf denen zwei oder drei mit Schild und Lanzen bewaffnete Soldaten standen, und Bogenschützen, die ihre Pfeile bis zu 90 Meter weit schießen konnten. Aber so beeindruckend dieses Heer auch war, den Soldaten wird beim Anblick der hethitischen Streitmacht das Herz in die Hose gerutscht sein: Ihnen standen mehr als 37 000 wild entschlossene Kämpfer gegenüber.

Ramses II. wollte gegen diese Übermacht mit einer Zangenbewegung vorgehen, indem er einen Teil seines Heeres mit Schiffen nach Byblos schickte, wo sie an Land gehen und den Hethitern in den Rücken fallen sollten. Aber der ägyptische Pharao machte

Ramses II. **11**

schwere taktische Fehler und ermöglichte den Hethitern einen Überraschungsangriff, bei dem mehr als 1000 Ägypter ums Leben kamen. Ramses II. musste mit seiner Leibgarde flüchten, errichtete auf einem Hügel ein befestigtes Lager, das aber der hethitischen Übermacht nur wenig entgegenzusetzen hatte. Sein Überleben verdankt er der heranrückenden zweiten Division, die in Byblos an Land gegangen war. Mit ihrer Hilfe gewann Ramses II. die Schlacht gegen die Hethiter.

Bis zu einem Friedensvertrag dauerte es vier Jahre, aber die langen Verhandlungen haben sich gelohnt. Dieser älteste Friedensvertrag, der heute bei den Vereinten Nationen in New York als Symbol für den Frieden aufbewahrt wird, beendete nicht nur den Kriegszustand, sondern bewirkte auch eine politische Zusammenarbeit der beiden Großreiche. Beide Seiten schlossen einen Nichtangriffspakt und ein Bündnis gegen gemeinsame Gegner. Außerdem erkannte der ägyptische Pharao Ramses II. die Erbfolge im Hethiterreich an, und beide Seiten tauschten die Gefangenen aus. Die neue Freundschaft ging sogar so weit, dass Ägypten während einer Hungersnot im Hethiterreich den einstigen Feinden Getreide zur Versorgung der Bevölkerung lieferte.

Der Aussöhnung mit den Hethitern folgte eine mehr als 50 Jahre währende Friedenszeit, die auch über Ramses' II. eigene Regierungszeit hinausreichte. Aber das war nur der eine Teil, der seinen bis heute währenden Ruhm begründete. Denn ebenso wichtig wie seine militärischen Erfolge waren die zahlreichen Bauwerke, die er schaffen ließ: Die beiden bedeutendsten sind die Tempelanlagen in Luxor und Abu Simbel. Durch die zahlreichen Inschriften, mit de-

---

Als der Nil 1960 bei Assuan zum Nassersee aufgestaut wurde, bauten Archäologen und Ingenieure den im 13. Jh. v. Chr. bei Abu Simbel erbauten Tempel von Ramses II. ab und an einem um 60 Meter höher gelegenen Ort wieder auf. Die von 1964 bis 1968 andauernde Rettungsaktion, an der 48 Nationen beteiligt waren, kostete 41,7 Millionen US-Dollar.

nen seine Bauwerke versehen sind, ist die Geschichte dieses Pharaos bis heute erhalten geblieben. Sie schildern das Leben eines Mannes, der auch weltlichen Dingen aufgeschlossen gegenüberstand. Vielleicht entsprechen die Zahlen nicht ganz der Wahrheit, dennoch sind sie beeindruckend: Ramses II. hatte 40 Töchter und 45 Söhne.

Ramses II. verstarb im hohen Alter von 85 Jahren – in seinen letzten Lebensjahren konnte er wegen zahlreicher Beschwerden nur noch gebeugt und an einem Stock gehen. Er zählt zu den großen Politikern der ägyptischen Antike, seine Mumie liegt im Ägyptischen Museum in Kairo.

Alexander der Große (356–323 v. Chr.)

Alexander wurde 356 v. Chr. als Sohn des makedonischen Königs Philipp II. und dessen Frau Olympia geboren. Die Menschen erzählten sich, sein »wahrer« Vater sei der Göttervater Zeus und seine Mutter stamme direkt von Achilles, dem unverwundbaren Helden der griechischen Sagenwelt, ab. Legenden und Mythen begleiteten sein Leben, an dessen Anfang eine Ausbildung bei Aristoteles, dem bedeutendsten Denker der griechischen Antike, stand. 336 v. Chr. folgte er Philipp II. auf dem Thron des Königs von Makedonien.

Der 20-jährige Alexander herrschte über weite Teile Thessaliens und Thrakiens sowie über – mit Ausnahme Spartas – alle griechischen Stadtstaaten, die sein Vater unterworfen hatte. Alexander setzte die Politik seines Vaters gegenüber den griechischen Städten fort, musste sich allerdings häufig gegen Umsturzversuche zur Wehr setzen. Während sich der junge König außerhalb des Landes aufhielt, beschlossen einige griechische Städte im Süden des Landes sich gegen die makedonische Herrschaft aufzulehnen. Alexander kehrte umgehend zurück, unterwarf die Aufständischen und vollzog in Theben ein Blutgericht, dem 6000 Einwohner zum Opfer fielen. Von derartiger Brutalität abgeschreckt gaben die anderen Städte ihren Widerstand auf und unterwarfen sich dem König der Makedonier.

Alexander brauchte ihre Gefolgschaft, denn sein eigentliches Ziel war ein Feldzug gegen die damals größte Territorialmacht des Erdballs: Persien. Im Sommer 334 v. Chr. machte er sich mit rund 35 000 Kämpfern aus Makedonien und dem übrigen Griechenland auf und überschritt die Dardanellen – eine türkische Meerenge zwischen Europa und Asien. In Persien regierte Dareios III., der eine ungleich größere Streitmacht zur Verfügung hatte. Es kam zu mehreren Schlachten, u.a. am Granikos oder in Milet, die Alexander siegreich beenden konnte.

Ein Jahr später erreichte sein Heer die Stadt Gordion (etwa 80 Kilometer westlich des heutigen Ankara), wo Alexander angeblich einen Knoten mit dem Schwert durchgeschlagen haben soll, nachdem ein Orakel ihm prophezeit hatte, nur wer den »gordischen Knoten« durchschlagen kann, gewänne die Herrschaft über Asien. Gestärkt von diesem Orakelspruch schlug er 333 v. Chr. mit einem militärischen Geniestreich das überlegene persische Heer in der Schlacht bei Issos.

Danach eroberte Alexander, der nun den Beinamen »der Große« bekam, Phönizien, Ägypten, die Staaten des Nahen und Mittleren Ostens, Persien, Afghanistan und die heute zu Russland gehörenden Staaten Turkmenistan, Tadschikistan und Usbekistan. Überall machte er reiche Beute und konnte so sein Expeditionsheer finanzieren.

Aber auch damit war sein Expansionsdrang noch nicht befriedigt. Anfang 326 v. Chr. begann er mit der Eroberung Indiens, das für die Griechen ein damals unbekanntes Land war. Grausam und unnachgiebig gegenüber der Bevölkerung ließ Alexander jeden Widerstand niedermetzeln, doch die jahrelangen Feldzüge hatten inzwischen auch bei seinen eigenen Soldaten tiefe Spuren hinter-

14 *Persönlichkeiten*

Ausdehnung des Reichs Alexanders des Großen.

lassen. Nach einem heftigen Monsunregen im Gebiet des Ganges meuterten sie und zwangen Alexander zur Rückkehr nach Persien. Der Rückmarsch der Armee führte durch Gebiete, die er nicht unterworfen hatte, so dass seine Truppen immer wieder angegriffen wurden und verlustreiche Schlachten zu führen hatten, in deren Verlauf Alexander selbst durch einen Speer schwer verletzt wurde.

Nach einjähriger Rückreise betrat das von den Strapazen dezimierte Heer schließlich wieder persischen Boden. Alexander ließ eine Massenhochzeit zwischen Griechen und Persern veranstalten, um die beiden Kulturen miteinander zu verschmelzen. Er selbst heiratete gleich zwei persische Frauen, auch übernahm er Elemente des persischen Staatswesens. Im Februar 323 v. Chr. kehrte Alexander nach Babylon, etwa 100 Kilometer südlich von Bagdad, zurück, um weitere Feldzüge nach Rom und Karthago vorzubereiten. Aber dazu kam es nicht mehr, denn nach einer Alkoholvergiftung erkrankte Alexander, bekam hohes Fieber und starb im Juni 323 v. Chr. im Alter von nur 33 Jahren.

So genial sein militärisches Vermögen auch war, der Umgang mit ihm dürfte schwierig gewesen sein. Er neigte zu Tobsuchtsanfällen, bei denen er durchaus zur Waffe greifen konnte, trank übermäßig Alkohol, was zum allmählichen Verlust der Selbstkontrolle führte. Alexander war beiden Geschlechtern zugewandt und neigte zu einer übertriebenen Selbstdarstellung. Die Bedeutung Alexanders des Großen geht weit über seine Eroberungsfeldzüge hinaus. Durch ihn wurden mehr als 70 Städte (darunter Alexandria) gegründet, neue geopolitische Räume erschlossen, Handel und Verkehr erweitert. Die griechische Sprache und Kultur wurden verbreitet und die Epoche des Hellenismus eingeleitet.

Qin Shi Huang Di (259–210 v. Chr.)

Die Geburt des späteren Kaisers von China stand unter einem ungünstigen Stern. Denn während er als Sohn einer Konkubine das Licht der Welt erblickte, wurde sein Vater als Geisel in einem Nachbarland festgehalten. Der oberste Eunuch und Haremswächter Lü Buwei wurde Kanzler und regierte den Staat Qin in Abwesenheit des rechtmäßigen Herrschers. Er tat dies zunächst ganz im Sinne des kleinen Qin Shi Huang Di. Als dieser aber selbst Machtgelüste verspürte, kam es zum Streit zwischen beiden.

Nach dem endgültigen Zerwürfnis wurde Lü Buwei 237 v. Chr. ins Exil geschickt und auf dem Weg dorthin vergiftet. Den Zeitgenossen war nach dieser Tat klar, wer zukünftig die Macht im Lande ausüben werde: Ein machtbewusster Herrscher, der zur Durchsetzung seiner Ziele im wahrsten Sinne des Wortes über Leichen zu gehen bereit ist.

Davon konnten sich in den folgenden Jahren auch die Fürsten von sieben Nachbarstaaten überzeugen: Innerhalb von nur zehn Jahren eroberte Qin Shi Huang Di diese bis dahin unabhängigen chinesischen Feudalstaaten, beendete die so genannte »Zeit der streitenden Reiche« und vereinigte sie unter seiner Herrschaft in einem geeinten chinesischen Kaiserreich. Qin Shi Huang Di war der erste Kaiser des Riesenreiches, der nicht nur machtversessen, sondern bei seinen Mitmenschen auch höchst unbeliebt war. Zahlreiche Attentäter versuchten seinem Leben ein Ende zu bereiten, scheiterten aber selbst dann, wenn die Umstände »günstig« waren. Als etwa bei einer Audienz einer der Anwesenden mit wildem Gebrüll und gezogenem Schwert auf den Kaiser zurannte, schaffte Qin Shi Huang Di es nicht, sein eigenes Schwert zur Verteidigung aus der Scheide zu ziehen. Es blieb ihm nichts anderes übrig, als so lange durch den großen Saal zu laufen, bis einer seiner Günstlinge dem Attentäter ein Bein stellte, ihn überwältigte und ermordete.

Die weltberühmte Terracotta-Armee des Qin Shi Huang Di.

> **Mao Zedong auf einer Parteiversammlung 1958**
>
> »Was war denn so außergewöhnlich an Qin Shi Huang Di? Er hat nur 460 Gelehrte hingerichtet. Dazu habe ich schon gewissen Demokraten entgegengehalten: Ihr glaubt, ihr könnt uns beleidigen, wenn ihr uns als Qin Shi Huang Di bezeichnet, aber ihr irrt, wir haben Qin Shi Huang Di hundertfach übertroffen! Ihr bezeichnet uns als Despoten – wir bekennen uns gern zu diesen Eigenschaften, wir bedauern nur, dass ihr derartig hinter der Wahrheit zurückbleibt, dass wir eure Vorwürfe ergänzen müssen!«

Der Kaiser ging mit Oppositionellen nicht gerade zimperlich um: Umsiedlungen, Verbannungen und das öffentliche Verbrennen von kritischen Schriften waren an der Tagesordnung. Aber er war nicht nur ein Despot, sorgte für eine Verwaltungsreform und strukturierte das chinesische Reich neu. Er führte ein Rechtssystem ein und ließ einheitliche Maße und Gewichte einführen, die den Warenaustausch in China erleichterten und belebten. Eine einheitliche Währung führte zu einem wirtschaftlichen Aufschwung im ganzen Land, denn nun konnten die Preise überall miteinander verglichen werden. Und schließlich sorgte Qin Shi Huang Di für eine Einheitsschrift, durch die die unterschiedlichen Provinzen des Riesenreichs miteinander kommunizieren konnten.

China verdankt diesem Herrscher eines der erstaunlichsten Bauwerke der Menschheitsgeschichte. Um sich gegen die Völker im Norden des Landes zu schützen, ließ Qin Shi Huang Di 214 v. Chr. eine Mauer errichten, die sich – nach mehreren Erweiterungsbauten – heute noch über 6350 Kilometer den Bergkämmen des Gebirges folgend erstreckt. Es ist das größte menschliche Bauwerk der Geschichte und ein erstaunlicher Beleg für die Schaffenskraft der chinesischen Handwerker. Die »chinesische Mauer« wurde weitgehend aus gebrannten Steinen errichtet und im Inneren mit Lehm, Sand sowie Schotter befestigt. Ihre Maße variieren zwischen vier und zehn Metern Breite und einer Höhe von sechs bis neun Metern. Im Abstand von einigen hundert Metern wurden Wachtürme errichtet, die als Waffenlager, Aussichtstürme und Signalpunkte dienten. Der Bau dieser Mauer wurde mithilfe von Millionen von Zwangsarbeitern durchgeführt. Die Zahl der Toten, die durch Stürze, schlechte Arbeitsbedingungen oder Hunger ums Leben gekommen sind, dürfte nicht sehr viel geringer gewesen sein.

Der erste Kaiser Chinas strebte nach der eigenen Unsterblichkeit und ließ deshalb zu seinem Ruhm zahlreiche Paläste anlegen. 1974 staunten Landarbeiter nicht schlecht, als sie per Zufall seine Grabstätte entdeckten. Das Areal war mehrere tausend Quadratmeter groß und wurde von einer Armee aus Terracotta-Soldaten geschützt, die stumm und unbeweglich seit mehr als 2000 Jahren ihrem Herrn die letzte Ehre erweisen.

Qin Shi Huang Di war im Alter von 49 Jahren bei einer Inspektionsreise gestorben. Sein Leichnam wurde erst beerdigt, nachdem man ihn aus Angst vor Unruhen noch einige Zeit in der kaiserlichen Sänfte durchs Land getragen hatte. Allmählich aber begann der Leichnam zu stinken. Also wurde ein Eimer mit toten Fischen als »Quelle« des Gestanks neben der Sänfte des Verblichenen getragen. Als keine Unruhen mehr zu befürchten waren, wurde sein Tod bekannt gegeben und der Körper in die Obhut der Terracotta-Soldaten übergeben. Dieses Grab ist öfters geplündert worden und geriet in Vergessenheit, entsprechend war seine Entdeckung mit den insgesamt rund 3000 Terracotta-Soldaten und etwa 40 000 Waffen eine archäologische Sensation.

Gaius Julius Caesar (100 – 44 v. Chr.)

Wer an Caesar denkt, dem fallen vielleicht die Abenteuer von ›Asterix und Obelix‹ in ihrem aufopferungsvollen Kampf zur Verteidigung Galliens gegen römische Invasionsheere ein. Ob es die beiden gallischen Krieger wirklich gegeben hat, ist freilich mehr als frag-

Gaius Julius Caesar

Gaius Julius Caesar,
Büste aus dem 1. Jh. n. Chr.

lich. Sicher ist, dass ihr Gegenspieler – der römische Feldherr Caesar – im Juli 100 v. Chr. geboren wurde und der bedeutendste Staatsmann des Imperium Romanum gewesen ist. Er hat tatsächlich gegen die Gallier gekämpft und sie in vielen Schlachten daran gehindert, die Grenzen zum römischen Reich zu übertreten.

Julius Caesar stammte aus einer angesehenen römischen Patrizierfamilie, die gemessen am Standard der anderen adeligen Familien nicht reich war. Ihre Mitglieder hatten sich aber als Konsuln oder Prätoren einen Namen in Rom gemacht, wie Caesars Onkel Marius, der Senator und erfolgreicher Feldherr war. Marius hatte die germanischen Heere der Cimbern und Teutonen vernichtend geschlagen und führte die Gruppe der so genannten »populares« an, die in Opposition zu Sulla, dem Diktator, standen. Die »populares« wollten, dass alle Entscheidungen durch eine Volksversammlung – und nicht durch den Senat – getroffen werden. Julius Caesar folgte seinem Onkel zu den »populares« und geriet in Opposition zu Sulla. In den Wirren von dessen Diktatur musste er 81 v. Chr. Rom verlassen und ging mit 19 Jahren als Offizier in die Provinz Asia.

Seine politische Karriere begann 73, als er in Nachfolge eines verstorbenen Verwandten mit einer Quästur – der untersten Stufe politisch bedeutender Ämter – betraut wurde. Von nun an bekleidete er alle wichtigen politischen Positionen in Rom: Ädil (Polizei), Pontifex Maximus (ursprünglich Wächter des altrömischen Götterkults, ging später auf die römischen Kaiser und schließlich auf die Päpste über) und Prätor (ranghöchster Verwaltungsbeamter). Anfang der 60er Jahre bekleidete er das Amt des römischen Statthalters in Spanien. Dort machte er sich durch eine harte Kriegsführung gegen die einheimischen Iberer einen Namen.

Nun hatte er alle Voraussetzungen erfüllt, um sich für das höchste Amt in Rom als Konsul zu bewerben. Aber es gab viele Gegner, die ihm den Weg an die Spitze des Staates versperren wollten. Erst eine strategische Partnerschaft (das »Triumvirat«) mit Marcus Licinius Crassus, dem reichsten Mann Roms, und Gnaeus Pompeius Maximus, einem erfolgreichen General, konnte die Wahl Caesars zum römischen Konsul im Jahr 59 durchsetzen. Unmittelbar danach begannen die Feldzüge gegen die unbeugsamen Gallier, die Caesar in seinem Buch ›De bello gallico‹ festgehalten hat.

Caesar nutzte die Zerstrittenheit der germanischen Stämme, die sich nicht darauf einigen konnten, gemeinsam gegen das römische Heer zu kämpfen. Die Kämpfe in Gallien waren ungemein verlustreich: Etwa eine Million Menschen wurden Opfer des Krieges, eine weitere Million wurde versklavt und in irgendeine Ecke des römischen Imperiums verschleppt. Caesar unterschied mit erstaunlicher Weitsicht »Gallien« von »Germanien« und benannte den Rhein als natürliche Grenze zwischen den beiden Stämmen. Aus den beiden rechts und links des Rheins wohnenden Völkern sollten später einmal Frankreich und Deutschland entstehen.

Caesars militärischen Erfolge schützten ihn aber nicht vor einer innerrömischen Opposition, die seine Machtfülle mit Argwohn betrachtete. Als sich diese Opposition immer deutlicher vorwagte, entschloss er sich zum Staatsstreich. Im Januar 49 überschritt Caesar mit 5000 Soldaten den Grenzfluss Rubikon südlich von Ravenna. Kurz darauf nahm er Rom ohne Widerstand ein. Pompeius, sein ehemaliger »Triumvirats«-Kollege hatte gegen ihn agiert und floh nach Ägypten.

Caesar folgte ihm und lernte dabei Kleopatra, die Schwester des ägyptischen Königs Ptolemaios III. kennen. Mit ihr begann er eine heftige Liebesbeziehung, bevor er zwei erfolgreiche Feldzüge nach Afrika und Spanien unternahm. Danach kehrte der siegreiche Feldherr und Eroberer nach Rom zurück und ließ sich zum Diktator auf Lebenszeit ernennen.

Caesar reformierte das römische Staatswesen, erließ zahlreiche Gesetze, legte eine umfangreiche Bibliothek an und führte den »julianischen Kalender« ein, in dem der Juli nach seinem Vornamen benannt wurde. Aber genau wie bei Sulla, gegen dessen Diktatur er als junger Mann so verbissen gekämpft hatte, erregte seine machtvolle Position Misstrauen beim Volk und rief Widersacher im Senat auf den Plan.

Obwohl Caesar durch Leibwachen und ein gut funktionierendes Informantensystem über nahezu alle Vorgänge in der Stadt Bescheid wusste, gelang es den Verschwörern ein Mordkomplott zu schmieden. Am – nach römischem Kalender – 15. März 44 schlich sich Marcus Brutus, mit dem Caesar in früheren Jahren sogar befreundet war, während einer Senatssitzung in die Nähe des Diktators und verletzte ihn mit mehreren Messerstichen tödlich.

Julius Caesar hat das römische Reich zu ungeahnter Größe gebracht und von einer alten Republik zu einer im damaligen Sinne »modernen« Monarchie geführt. Obwohl er nie den Titel »König« für sich in Anspruch genommen hat, regierte er mit der Machtfülle eines Königs, der am Ende seiner politischen Karriere zum Diktator wurde. Viele seiner Nachfolger orientierten sich an ihm. »Caesar« war nicht nur sprachlich das Vorbild für den »Kaiser« des Heiligen Römischen Reichs und für den »Zar« des bulgarischen und des russischen Reichs.

Karl der Große (um 742–814)

Als Karl geboren wurde, herrschte am fränkischen Königshof große Aufregung. Sein Großvater Karl Martell hatte die Macht der fränkischen »Hausmeier« erweitert, aber sein Vater Pippin musste sich unentwegt gegen Aufständische zur Wehr setzen. Nach dem Tod des Vaters 768 und seines Bruders Karlmann 771 war Karl alleiniger Frankenkönig. Mit unnachgiebiger Härte unterwarf der junge König der Franken in den folgenden Jahren alle Stammesherzöge, die an den Grenzen des Frankenreichs ansässig waren: Die Langobarden, die Bayern, die Awaren; auch Friesland wurde in das fränkische Herrschaftsgebiet nach brutalen Kämpfen eingegliedert. Einzig die Sachsen machten lange Schwierigkeiten, die Kriege mit ihnen dauerten bis 804.

Karl war ein streng religiöser Mensch. In seinen Vorstellungen wurde die Welt von Gott geleitet und er – der König der Franken – hatte für die Ausbreitung des Christentums in seinem gesamten Einflussbereich zu sorgen. Heute würde man ihn als »fanatischen Gotteskrieger« bezeichnen. Vor jeder Schlacht erflehte er göttlichen Beistand. Nach dem Sieg ließ er die überlebenden Kämpfer seiner Feinde zwangsweise taufen.

Auf die eher schlichten Gemüter seiner Soldaten übte er eine ungeheure Strahlkraft aus, für sie war er der Unbesiegbare, der sich mit Gottes Hilfe und der Kraft seines Schwertes Europa untertan machte. Privat lebte er durchaus weltlich: Karl war mit Hilmitrud verheiratet, was ihn nicht daran hinderte, gleichzeitig die langobardische Prinzessin Desiderata zu ehelichen. Darüber hinaus hatte er

Karl der Große,
Gemälde von Albrecht Dürer.

viele Konkubinen, derer er sich ohne Mühen entledigen konnte, wenn sie ihm nicht mehr in die Lebensplanung passten.

Karl sprach den althochdeutschen, fränkischen Dialekt, der schon zu seiner Zeit als »lingua theodisca« (»Sprache des Volkes«) oder »deutsch« bezeichnet wurde. Zudem konnte er sich fließend auf Lateinisch und etwas weniger gut auch auf Griechisch unterhalten. Da es keine Hauptstadt oder Zentralgewalt gab, regierte er das riesige Land von unterschiedlichen Orten – den so genannten Pfalzen: Das waren bäuerliche Anwesen, auf denen er mit allem versorgt werden konnte, was sein königliches Herz begehrte. Hier wurden Festlichkeiten gegeben und Versammlungen mit weltlichen oder geistlichen Würdenträgern abgehalten, in den Pfalzen fanden Gerichtstage statt, wurden Urkunden unterzeichnet oder Lehensverträge mit Rittern und Landesfürsten geschlossen. Die wichtigste Pfalz stand in Aachen, wo Karl sich wegen der warmen Quellen am häufigsten aufhielt.

Das Frankenreich war kein Willkürstaat, es gab eine gesetzlich verbriefte Ordnung, die in einer Gesetzessammlung festgehalten war. Das war auch notwendig, denn Karl hatte durch die militärische Unterwerfung seiner Nachbarn einen europäischen Vielvölkerstaat geschaffen, der ohne eine gemeinsame Rechtsordnung nicht regierbar gewesen wäre. Dennoch blieb den einzelnen Stämmen genügend Spielraum für ihre überlieferten Stammesgesetze. Karl führte eine gemeinsame Währung ein: Der silberne Franken-Denar musste 1,6 Gramm wiegen, auf der Vorderseite mit einem Königsporträt versehen sein und auf der Rückseite das Kreuz der Christen zeigen. Diese erste europäische Währungsunion förderte – wie heute – den Handel, machte Preise überprüfbar und schuf einen großen geografischen Raum, in dem man mit einer einzigen Währung Handel treiben konnte.

Der zweifellos größte Tag im Leben des fränkischen Königs Karl war die Krönung zum römischen Kaiser am ersten Weihnachtstag 800. Als er nach der Krönung durch Papst Leo III. den Petersdom wieder verließ, war er der mächtigste Mann Europas: Er war der Patron des Kirchenstaates und hatte den päpstlichen Segen auf seiner Seite, seine weltliche Herrschaft war also mit der geistlichen Macht verbunden. Karl stand nun in direkter Linie der großen römischen Imperatoren, die ebenso wie er »römische Kaiser« waren und »Augustus« genannt wurden.

Nach der Krönung erstreckte sich das Reich Karls von Zaragossa und Pamplona im Norden des heutigen Spaniens, über Korsika bis südlich von Rom. Kärnten und Teile des heutigen Ungarns gehörten ebenso dazu wie Gebiete der Slowaken, Böhmen und Mähren. Von dort verlief die Reichsgrenze im Nordosten bis Magdeburg und führte schließlich im hohen Norden zu einem kleinen Handelsplatz namens Haithabu – kurz: ein Reich, dessen Ausmaße damalige Vorstellungen bei weitem überschritten haben dürften.

Das Europa Karls des Großen war durch ein reges kulturelles Leben geprägt, das in der »karolingischen Renaissance« Teile der antiken Traditionen mit der mittelalterlich-germanisch-römischen Welt verband. Das Frankenreich dominierte den europäischen Kontinent und sorgte für die Ausbreitung des Christentums, damit wurde eine der wesentlichen Eigenschaften Europas festgelegt: Der Kontinent wurde und blieb christlich.

Harun ar-Raschid (766 – 809)

Es gibt wohl nur wenige historische Persönlichkeiten, bei denen die überlieferten Beschreibungen seiner Person so widersprüchlich sind, wie bei Kalif Harun ar-Raschid. Während die einen ihn als brutalen Despoten beschreiben, der seine Widersacher unbarmherzig ermorden ließ, preisen ihn andere als jenen Herrscher, in dessen Regentschaft das Kalifenreich die größte Ausdehnung und die meiste Bedeutung erlangt hat.

> In Europa wurde Harun ar-Raschid vor allem als märchenhafter Kalif aus ›Tausendundeiner Nacht‹ mystifiziert und als makelloser Regent idealisiert.

Geboren wurde er im Februar 766 in der Nähe von Teheran. Im Alter von 20 Jahren trat er die Nachfolge seines Bruders ar-Hadi an. Bei dieser Amtsübernahme half er wohl kräftig nach, indem er eine Verschwörung gegen ar-Hadi inszenierte, die sein Bruder nicht überlebte und ihn selbst zum fünften Kalif des Abbasidenreichs machte. Harun ar-Raschid sprang mit seinen Widersachern nicht zimperlich um. Zahlreiche Feldzüge zu Beginn seiner Regentschaft waren nötig, um die Herrschaft der Abbasiden zu sichern.

26 *Persönlichkeiten*

Miniatur aus altarabischer Handschrift, 16. Jh.

Sein Kalifat führte das Reich aber auch zu seiner Blüte, Bagdad wurde zur Metropole von Kunst und Kultur, Handel und Wissenschaft. Harun ar-Raschid ließ sie als Hauptstadt ausbauen, mit vier mächtigen Stadttoren, die in alle Himmelsrichtungen wiesen, und den Anspruch auf Weltherrschaft zum Ausdruck brachten. Harun versammelte Gelehrte und Philosophen aus aller Welt an seinem Hof und ließ Schulen und wissenschaftliche Zentren bauen, in denen aus Konstantinopel herbeigeschaffte antike Schriften ins Arabische übersetzt wurden.

Das Reich des Kalifen erstreckte sich vom westlichen Mittelmeer bis nach Indien. Dieses für damalige Verhältnisse unvorstellbar große Land wurde zentralistisch regiert. Trotz prunkvoller Hofhaltung und einer kaum vorstellbaren Verschwendungssucht funktionierte das Reich prächtig und wurde zum höchst entwickelten Staatswesen des 9. Jahrhunderts. Harun ar-Raschid schickte Gesandte nach China und Indien, unterhielt aber auch gute Beziehungen zu Karl dem Großen. Beide Herrscher verband die Gegnerschaft zum Kaiser von Byzanz, der sich nach einem Streit über die Bilderverehrung in der römischen Kirche vom Papst in Rom losgesagt hatte und seither die so genannte »oströmische Kirche« in seinen Stadtmauern beherbergte.

Kalif Harun war ein strenggläubiger Moslem, der alle drei Jahre eine Pilgerfahrt nach Mekka unternahm. Dabei legte er teilweise mehr als 300 Kilometer zu Fuß zurück. Vor allem aber wandte er sich auch dem Auf- und Ausbau des Landes zu und ließ Pläne für einen Kanal anfertigen, der das Mittelmeer mit dem Roten Meer verbinden sollte. Etwa tausend Jahre später wurde an genau dieser Stelle der Suezkanal, eine der wichtigsten Seewege der Welt, gebaut. Als Harun ar-Raschid 809 während eines Feldzugs im iranischen Tus starb, löste das nicht nur Trauer aus. Besonders die Moslems iranischer Herkunft hatten unter ihm viel gelitten und beweinten seinen Tod nicht.

Kubilai Khan (1215–1294)

An der Wiege Kubilai Khans stand ein Mann, den die Welt wegen seiner angeblichen Machtversessenheit bis heute nicht vergessen hat: sein Großvater Dschingis Khan. Jener Mongolenherrscher hatte die mongolischen Stämme geeint, mehrere Nachbarvölker unterworfen und weite Teile Zentralasiens und Nordchinas unter seine Kontrolle gebracht. Als Großkhan aller Mongolen eroberte er weitere Gebiete, bis das Reich Dschingis Khans schließlich im Osten zum Japanischen und im Westen zum Kaspischen Meer reichte.

28 *Persönlichkeiten*

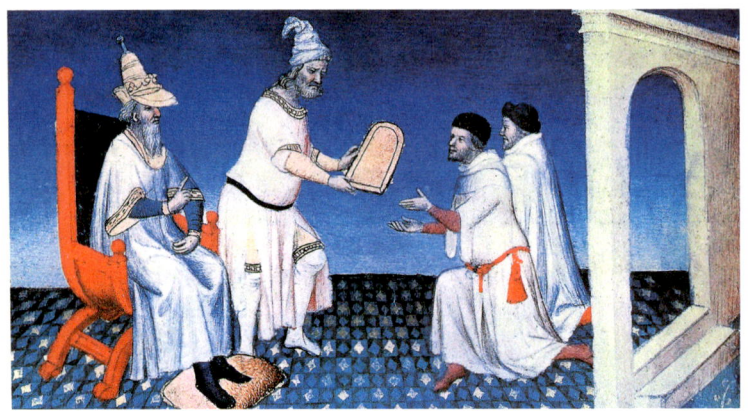

Marco Polo kniend vor Kublai Khan, Illustration 15. Jh.

Der Enkel wollte seinem Großvater wohl in nichts nachstehen. Seine Jugend verbrachte er mit chinesischen Erziehern in der Mongolei, aber schon als junger Mann verlegte er seinen Aufenthaltsort nach China, wo er von seinem seit 1251 regierenden Bruder als Statthalter eingesetzt wurde. 1253 eroberte Kubilai Khan das Königreich Tali im chinesisch-tibetischen Grenzgebiet. Er bekannte sich zum Buddhismus, übertrug einem buddhistischen Mönch die Verwaltung Tibets und sorgte so dafür, dass sich der Buddhismus ausbreitete. Wenig später machte er den Buddhismus zur Staatsreligion.

Nach dem Tod seines Bruders 1259 ließ er sich staatsstreichartig in China zum Großmogul ausrufen und provozierte damit einen Krieg gegen einen weiteren Bruder, der von einem Großteil der mongolischen Adligen ebenfalls zum Großmogul ausgerufen worden war. Nach dem Krieg wurde das mongolische Reich 1264 in vier unabhängige Teilreiche zerlegt, die sich untereinander teilweise feindselig gegenüberstanden: Kubilai Kahn machte aus der Not eine Tugend und verlegte die mongolische Hauptstadt Karakorum nach Peking. Dort übernahm er Kultur und Verwaltungspraktiken

> In seinem Buch ›Il Milione‹ (erschienen erstmals 1299 in Pisa) berichtet Marco Polo von der Reise, die er in Begleitung seines Vaters Nicolò und seines Onkels Matteo zwischen 1271 und 1295 in den Fernen Osten unternahm. Die Route führte über Persien und Zentralasien bis nach China an den Hof des Großkhans der Tartaren, Kubilai Khan. Zwischen Marco Polo und Kubilai Khan entwickelte sich eine persönliche Freundschaft, die dem Venezianer sämtliche Türen des weitgehend unbekannten chinesischen Reiches öffnete. Polos Reisebericht wurde von seinen Zeitgenossen zunächst verkannt und als Fantasterei abgetan, doch vor allem ab dem 15. Jahrhundert erkannte man die geografische und ethnologische Bedeutung der Schilderungen. Die Schrift ging im 17. Jahrhundert verloren und wurde erst 1928 in Florenz in einer kritischen Rekonstruktion in der heute noch erhältlichen Fassung wieder aufgelegt.

der Chinesen, was ihm in seiner mongolischen Heimat Kritik und Aufruhr einbrachte.

1274 und 1281 versuchte Kubilai Khan auch Japan unter seine Herrschaft zu zwingen. Er stellte eine gewaltige Streitmacht zusammen und landete auf zwei japanischen Inseln. In der Nacht zogen sich seine Soldaten auf die Schiffe zurück, wo sie – der Legende nach – von einem Taifun überrascht wurden, der fast die gesamte Flotte zerstörte.

Sieben Jahre später unternahm er einen zweiten Versuch, stieß aber auf wesentlich besser vorbereitete japanische Verteidiger, die ihm zwei Monate standhalten konnten. Wieder erzählt die Legende von einem Taifun, der die Invasion stoppte. Kubilai Khan gab seine Eroberungsabsichten auf und die Japaner dankten dem »Götterwind« (im Japanischen »Kamikaze«), der ihr Land zweimal beschützt hatte.

Seitdem gibt es in Japan die Legende, das Land werde vom »Götterwind« beschützt. Den Kampffliegern des Zweiten Weltkriegs, die sich selbst opferten und ihre Flugzeuge in feindliche Ziele stürzten, war die Geschichte von der Errettung Japans durch den »Kamikaze« Vorbild und Namensgeber zugleich.

Auch in seiner chinesischen Wahlheimat war Kubilai Khan nicht bei allen willkommen: Chinesische Prinzen rebellierten gegen den mongolischen Herrscher, aber Kubilai Khan hatte ein überlegenes Heer mit disziplinierten Soldaten, die den Chinesen bei weitem überlegen waren. In einem langen Krieg eroberten seine Truppen 1279 den Süden Chinas, wo die Sung Dynastie seit rund 300 Jahren herrschte. Durch diesen Sieg einigte er das Land wieder und begründete die Yuan-Dynastie, die bis 1368 in China herrschte. Kubilai Khan wurde der erste Kaiser dieser Dynastie und später in die Abfolge der rechtmäßigen chinesischen Herrscher aufgenommen.

Seine letzten Lebensjahre verbrachte Kubilai Khan von schwerer Krankheit gezeichnet in Peking. An seinem Hofe hielt sich der Handelsreisende und Weltenbummler Marco Polo auf. Als Marco Polo einige Jahre später wieder nach Venedig zurückkehrte, berichtete er von dem hohen kulturellen Niveau, das in China herrschte. Nach Kubilai Khans Tod 1294 brachen die Konflikte zwischen den unabhängigen mongolischen Teilreichen wieder auf, und das ehemals mächtige Imperium zerfiel. Nur das im südlichen Russland bestehende Reich der »goldenen Horde« hatte bis ins 16. Jahrhundert Bestand. Für die chinesische Geschichte ist Kubilai Khan eine der bedeutendsten Gestalten, denn er hat die seit Jahrhunderten getrennten Landesteile des riesigen Reichs wieder zusammengeführt und so den Grundstein für das China von heute gelegt.

Jalaluddin Muhammad Akbar (1542–1605)

Die Kindheit des späteren indischen Moguls stand unter einem denkbar ungünstigen Stern: Seine Eltern waren auf der Flucht, er selbst wurde als Faustpfand im Harem seines Onkels festgehalten. Als ob das noch nicht genug gewesen wäre, musste er obendrein

Jalaluddin Muhammad Akbar **31**

Jalaluddin Muhammad Akbar, Illustration aus dem 16. Jh.

auch noch – ohne freilich selbst zu kämpfen – als Kind an Feldzügen teilnehmen, weil ein Angehöriger des Kaiserhauses bei der kämpfenden Truppe zu sein hatte. So wuchs der kleine Jalaluddin entweder bei Haremsdamen oder unter Soldaten auf. Im Laufe seiner Ausbildung verschliss er neun Lehrer und weigerte sich stand-

32 *Persönlichkeiten*

Das Taj Mahal, Mausoleum des Akbar.

haft nützliche Dinge zu lernen. Dafür sah man ihn bei waghalsigen Kamelritten oder gefährlichen Elefantenkämpfen. Dass aus diesem Tausendsassa trotzdem der bedeutendste indische Kaiser wurde, lag am frühen Tod seines opiumsüchtigen Vaters Humayun, der am 22. Februar 1556 von den Treppenstufen seiner Bibliothek stürzte. Akbar war gerade 13 Jahre alt, als er wenige Tage später zum Kaiser ausgerufen wurde.

Nach einigen Familienstreitigkeiten hatte Jalaluddin Muhammad Akbar sieben Jahre später alle Konkurrenten um den Kaiserthron ausgeschaltet und konnte sich daranmachen, seine Macht und damit auch die Bedeutung Indiens auszubauen. Bis zum Ende seiner Herrschaft gelang es ihm, aus einem relativ unbedeutenden nordindischen Herrschaftsgebiet die Führungsmacht des indischen Kontinents zu machen: Es reichte von Kaschmir im Norden bis nach Afghanistan, grenzte an Tibet und Nepal und den Golf von Bengalen.

Seine größten Widersacher auf dem Weg zu diesem Großreich waren die hinduistischen Radschputen. Sie verwickelten ihn immer wieder in militärische Konflikte. Nachdem es ihm gelungen war, mit ihnen ein Bündnis zu schließen, war das Fundament für sein gewaltiges Imperium gelegt. Auch wenn die Schlachten gegen sie blutig waren und er 1567 und 1568 drei nach Unabhängigkeit strebenden radschputischen Fürsten den »Jihad« (den »heiligen Krieg der Muslime gegen Nichtmuslime«) erklärte, war Akbar auf Versöhnung aus. Einigen Hinduführern bot er Spitzenpositionen in der Armee an und garantierte ihren Besitz. Damit erhöhte er ihre gesellschaftliche Position und schuf sich loyale Untertanen, die darauf verzichteten, gegen ihn gerichtete hinduistische Koalitionen zu schmieden. Die Hindus durften ihre Bräuche beibehalten und behielten ihren Status als geachtete Krieger.

Auf diese Weise befriedete er die beiden Religionen, die sich in Indien bis dahin unversöhnlich gegenübergestanden hatten. Akbar, der von einem friedlichen Nebeneinander von Hindus und Moslems überzeugt war, heiratete schließlich die Tochter eines hinduistischen Territorialfürsten und legte so von seiner Überzeugung ein öffentliches Bekenntnis ab.

Akbar war ein unumschränkter Herrscher, der mit seinen Gegnern hätte machen können, was er wollte. Er war aber auch von großer Klugheit, denn er erließ Gesetze, die den Hindus entgegenkamen: 1563 hob er die Pilgersteuer auf, erlaubte den Hindus ihre Tempel zu renovieren oder neue zu errichten und gab die Anweisung, dass jene, die unter seinen Vorgängern zwangsweise zum muslimischen Glauben übergetreten waren, ohne Strafe ihren alten Glauben wieder ausüben durften. Außerdem ordnete er an, dass Kriegsgefangene nicht mehr als Sklaven verschleppt werden durften.

Seine Politik weist ihn als ungewöhnlichen Herrscher seiner Zeit aus, der ein Problem in den Griff bekommen hat, das den indischen Kontinent noch heute plagt: den friedlichen Ausgleich zwischen den Religionen. Er verband zudem die indische mit der persischen Kultur. Die wohl beeindruckendste Hinterlassenschaft dieser kulturellen Verbindung ist das Mausoleum von Taj Mahal bei Agra im Westen des indischen Bundesstaates Uttar Pradesh, wo er und seine Frau begraben sind.

In seinem Weltbild war er, der Kaiser, das höchste menschliche Wesen, das in unmittelbarer Nähe zu Gott stand. Deshalb hatte er auch höhere Einsichten als seine Untertanen und seine Entscheidungen kamen gleichsam von Gott direkt. Bildlich wurde diese Verbindung durch ein Licht dargestellt, das von Gott ausgehend durch eine Kette hell strahlender Engel an Akbar weitergereicht wurde. Das Licht war das Symbol der neuen Religion, die einerseits auf Ausgleich zwischen Moslems und Hindus setzte und andererseits einen höfischen Kult um den Kaiser inszenierte, wie er etwas später auch in Europa – beispielsweise am Hofe des französischen Königs – praktiziert wurde.

Akbar setzte seine gottgleiche Stellung nicht nur für die Verständigung zwischen den Religionen ein: Er versöhnte auch Rassen, förderte Wissenschaft und Kultur, hinterließ ein geordnetes Staatswesen und ein Land in Frieden, das für den Eintritt in die Moderne gut gerüstet war.

Peter I., der Große (1672–1725)

Sowohl Peters Vater Zar Alexei I. als auch dessen Nachfolger der bettlägerige Fjodor III. hatten es versäumt, Russland zu reformieren: Die Staatsfinanzen waren zerrüttet, Militär und Staatsverwaltung ineffizient, das russische Wirtschaftssystem funktionierte ebenso wenig wie die Steuerpolitik. Aber dass ausgerechnet Peter der Modernisierer Russlands werden würde, war am Anfang seines

Peter der Große, Gemälde von Jean-Marc Nattier.

Lebens nicht abzusehen. Den vielfältigen Bemühungen ihm eine fundierte Ausbildung angedeihen zu lassen, entzog er sich konsequent. Dafür interessierte er sich umso mehr für die Umwälzungen in Europa: den Merkantilismus im absolutistischen Frankreich, den aufblühenden Schiffsbau in den Niederlanden, die parlamentarisch kontrollierte konstitutionelle Monarchie in England oder die kulturellen Veränderungen auf dem Kontinent.

Schon als junger Mann reiste Peter gern und viel und mischte sich unerkannt unter Handwerker, um deren technische Fertigkeiten zu studieren. Als Fjodor III. im Mai 1682 starb, übernahm Peter gemeinsam mit seinem Bruder Iwan V. das Amt des russischen Zaren. Nach Iwans V. Tod im Januar 1696 herrschte er als Peter I. allein. Nun konnte er seinen am westlichen Europa orientierten

> Während eines Besuchs beim preußischen König Friedrich-Wilhelm I. zeigte ihm der als »Soldatenkönig« bekannte preußische Regent das Charlottenburger Schloss in Berlin. Darin befand sich ein Zimmer, das von der Decke bis zum Boden mit Bernstein vertäfelt war. Zar Peter I. war voller Bewunderung für das Kunstwerk. Da der Preußenkönig für die schönen Künste wenig übrig hatte, schenkte er seinem Gast das als »achtes Weltwunder« bezeichnete Zimmer. Peter I. ließ es nach St. Petersburg bringen und im Winterpalast wieder aufbauen. Später wurde das Bernsteinzimmer in das Jekaterinenpalais in Zarskoje Selo gebracht, wo seine Tochter, die spätere Zarin Elisabeth, das Zimmer durch Einfügung von Spiegeln und vergoldeten Schnitzereien vergrößern ließ. Seit dem Ende des Zweiten Weltkriegs gilt das Bernsteinzimmer als verschollen.

Reformkurs beginnen, der das gesamte gesellschaftliche Leben auf den Kopf stellte. Er führte europäische Kleidung und den julianischen Kalender ein, gründete die Akademie der Wissenschaften und setzte eine Schriftreform durch. Und er errichtete eine der schönsten Städte des Kontinents, die bis heute seinen Namen trägt: St. Petersburg.

Neben einer Wirtschaftsreform nach dem Vorbild des französischen Merkantilismus gestaltete Peter I. das russische Heer um, indem er den Soldatendienst neu regelte und die Flotte durch die Gründung einer Marineakademie auf- und ausbaute. Die staatliche Verwaltung wurde ähnlich wie in Preußen von Staatsbediensteten anstelle von Angehörigen des Adels übernommen. Nach der Einführung von zunächst acht, später elf Verwaltungsbezirken (»Gouvernements«) hob Peter I. die so genannte »Patriarchatsverfassung« auf, mit der dem Patriarchen von Moskau die alleinige Entscheidungsgewalt innerhalb der russisch-orthodoxen Kirche übertragen worden war. An ihre Stelle trat die »Heilige Synode«, die vom Zaren einberufen wurde. Schließlich nahm ein »Regierender Senat« die Funktion eines obersten Staatsorgans ein, und durch die Einführung von Fiskalämtern wurde die Steuerpolitik reformiert.

Diese tief greifenden und bei vielen zunächst auf Unverständnis stoßenden Reformen betrafen auch die russische Außenpolitik, die durch die Gründung einer Flotte im Konzert der europäischen Großmächte eine sehr viel stärkere Bedeutung bekam. Im »Nordischen Krieg« konnte die reformierte Armee nach anfänglichen Misserfolgen das Heer der Schweden am 8. Juli 1709 bei Poltawa entscheidend schlagen und die Wende zu Gunsten des zaristischen Russland herbeiführen.

Anschließend beteiligte sich Peter I. an der Eroberung Vorpommerns und Finnlands. Im Frieden von Nystadt konnte er am 10. September 1721 zwar baltische Gebiete für Russland gewinnen, musste aber den größten Teil Finnlands an Schweden zurückgeben und Kriegsreparationen zahlen. Wegen dieser beträchtlichen Machterweiterung nahm Peter I. am 22. Oktober 1721 den Titel »Allrussischer Kaiser« an.

Der Tod Peters I. am 8. Februar 1725 löste nicht nur Trauer aus, dafür haben seine Reformen der Bevölkerung zu viele Lasten auferlegt. Wie so oft wurde ihr Wert erst später erkannt, denn Peters I. Reformwerk ermöglichte Russland den Sprung in die Moderne und den späteren Aufstieg zur europäischen Großmacht.

Friedrich II., der Große (1712–1786)

Als der Kopf in den kalten Sand des Gefängnishofs gefallen war, krampfte sich sein Magen zusammen. Er musste sich übergeben und fiel in Ohnmacht. Vor seinen Augen hatte ein Exekutionskommando auf Befehl seines Vaters, des preußischen Königs Friedrich Wilhelm I., seinen besten Freund Hans-Hermann von Katte hingerichtet. Der Grund: Dieser hatte mit ihm das Land verlassen wollen, der Fluchtplan war aber aufgeflogen. Beide waren vor ein Gericht gestellt, des Landesverrats angeklagt und zum Tode verurteilt

Friedrich der Große, Denkmal von Johann Schadow, Schloss Charlottenburg.

worden. Da man aber einen preußischen Kronprinzen nicht so ohne weiteres umbringen konnte, wandelten die Richter das Urteil gegen Friedrich in eine Haftstrafe um. An seinem Freund aber wurde am 6. November 1730 ein furchtbares Exempel statuiert. Diesen Augenblick vergaß Friedrich nie.

Genauso wenig konnte er sich mit der Staatsführung seines Vaters anfreunden, der den preußischen Staat in einen Kasernenhof verwandelt hatte. Überall herrschte Drill und Ordnung, staatliches Handeln war dem Aufbau einer schlagkräftigen Armee untergeordnet, so genannte »Werber« zogen durch das Land und rekrutierten mit brutalen Methoden neue Soldaten. Friedrich hingegen war ein Schöngeist, parlierte lieber französisch als deutsch, spielte Quer-

Friedrich II., der Große

flöte und pflegte eine rege Konversation mit dem großen französischen Aufklärer Voltaire. Sein Vater – der »Soldatenkönig« – hatte ihn mehrfach öffentlich gedemütigt, geschlagen und mit einer Gardinenschnur vor dem versammelten Offizierscorps beinahe erdrosselt.

Das Verhältnis zwischen Vater und Sohn besserte sich erst kurz vor dem Tod des »Soldatenkönigs« am 31. Mai 1740. Am gleichen Tag wurde Friedrich preußischer König, schaffte die Todesstrafe ab, ließ die Folter verbieten und verkündete Religionsfreiheit. Er sollte Preußen die nächsten 46 Jahre regieren und von einem kleinen Agrarstaat zu einem der mächtigsten Staaten Europas machen. Der Zufall wollte es, dass im gleichen Jahr seine große Gegenspielerin in Wien auf den Königsthron stieg: Maria-Theresia galt als die schönste Frau Europas und war begehrte Heiratskandidatin für Emporkömmlinge aller Königshäuser. Ihre Wahl fiel auf den Herzog von Lothringen, mit

Lied der Werber

O König von Preußen,
Du großer Potentat,
Wie sind wir deines Dienstes
So überflüssig satt!

Was fangen wir jetzt an
In diesem Jammertal,
Allwo is nichts zu finden
Als Not und lauter Qual.

Und kommt das Frühjahr an
Dann ist die große Hitz'
Da muss man exerzieren
Dass eim der Buckel schwitzt.

Vom exerzieren weg,
Geht's wieder auf die Wacht,
Kein Teufel tut nicht fragen,
Ob man gefressen hat.

Und kommt ein' frisch' Parad',
Tut man ein falschen Schritt,
Dann hört man es schon rufen:
Der Kerl muss auf den Glied!

Ihr Herren nehmt's nicht wunder,
Wann einer desertiert,
Wir werden wie die Hunde
Mit Schlägen strapaziert;

Und werden wir dann alt,
Wo wenden wir uns hin?
Die Gesundheit ist verloren,
Die Kräfte sind dahin.

Und endlich wird es heißen:
Geh' Vogel ohne Nest!
Geh' Alter nimm' den Bettelsack
Bist auch Soldat gewest!

> »Eine Regierung muss sparsam sein, weil das Geld, das sie erhält, aus dem Blut und Schweiß ihres Volkes stammt. Es ist gerecht, dass jeder Einzelne dazu beiträgt, die Ausgaben des Staates tragen zu helfen. Aber es ist nicht gerecht, dass er die Hälfte seines jährlichen Einkommens mit dem Staate teilen muss.«

dem sie in den kommenden 20 Jahren nicht weniger als 16 Kinder in die Welt setzte. Gleichzeitig regierte sie ihr Land und erfreute sich großer Beliebtheit beim österreichischen Volk.

Mit ihr lag Friedrich II. sein ganzes Leben im Konflikt: erst um Schlesien, dann um Sachsen; und schließlich teilte er sich mit ihr und dem russischen Zaren Polen, das für einige Jahre von der europäischen Landkarte verschwand. Friedrich und Maria-Theresia waren die Protagonisten des so genannten »preußisch-österreichischen Dualismus«. Die beiden »deutschen« Staaten stritten um die Macht im Zentrum Europas, wo in vielen kleinen Fürstentümern und Königreichen ebenfalls Deutsche lebten.

Friedrich II., der schon zu Lebzeiten nicht zuletzt wegen militärischer Erfolge den Beinamen »der Große« bekam, verdiente sich diese Bezeichnung aber vor allem auf anderen Gebieten: Am Sterbebett seines Vaters hatte er das Vermächtnis bekommen, für die Trockenlegung des Oderbruchs zu sorgen. Sieben Jahre dauerte der mit bewundernswerter Energie betriebene Kampf gegen die Natur, bis einige hundert Quadratkilometer in nutzbares Land trocken gelegt und bewohnbar gemacht worden waren. Am Ende konnten 1200 Familien dort siedeln.

Friedrich war ein »absoluter« Herrscher – aber auch ein »absoluter« Aufklärer. Vernunft und nicht Vetternwirtschaft, nachprüfbare Ergebnisse und nicht religiöser Glaube, Rationalität und nicht nationaler Pathos sollten in Preußen herrschen. Dementsprechend hat er das Land verändert. Aus dem reinen Militärstaat seines Vaters wurde ein Rechts- und Verfassungsstaat, in dem Glaubens- und Religionsfreiheit herrschte. Jeder solle nach seiner »Façon«

glücklich werden, war sein Wahlspruch, der nur dadurch eingeschränkt wurde, dass jeder sich an Recht und Gesetz zu halten hatte. Er setzte auf die strikte Trennung von Staat und Justiz. Bei der Hinrichtung seines Freundes Hans-Hermann von Katte hatte er ja eindrücklich erfahren, wie es jemandem ergehen konnte, der einer Willkürjustiz ausgesetzt war.

Der aufgeklärte Staat Friedrichs basierte neben dem Militär auf Berufsbeamten und dem Adel, der sich zwar dem Allgemeinwohl zu unterwerfen hatte, aber dennoch eine herausragende Stellung in Gesellschaft und Armee beanspruchen durfte. Außerdem reformierte er die Verwaltung, das Finanzwesen, das Militär und erließ tief greifende Gesetzesreformen.

Zudem garantierte der preußische Staat unter Friedrich dem Großen religiöse Toleranz. Das entsprach nicht nur den persönlichen Überzeugungen des Königs, sondern brachte dem Staat auch ökonomische Vorteile. Die wegen religiöser Diskriminierung aus Frankreich geflohenen Hugenotten ließ er in großer Zahl ins Land. Die meisten von ihnen waren gut ausgebildet und nach der langen Leidenszeit froh, gut bezahlte Arbeit verrichten zu können. Sie trugen so wesentlich zum wirtschaftlichen Aufschwung Preußens bei.

Als Friedrich der Große am 17. August 1786 starb, war aus Preußen neben England, Frankreich, Russland und Österreich eine europäische Großmacht geworden. Aus dem militärischen Willkürstaat seines Vaters hatte er einen preußischen Verfassungs- und Rechtsstaat gemacht.

George Washington (1732–1799)

Als er die rechte Hand hob und die Zeremonie seiner Amtseinführung mit einem »So help me God!« beendete, donnerten 13 Salutschüsse über New York und kündeten davon, dass die junge

George Washington, zeitgenössisches Gemälde.

amerikanische Nation einen staatlichen Neuanfang begonnen hatte. Mit George Washington stand seit jenem 30. April 1789 ein Mann an ihrer Spitze, der sich im gerade erst beendeten Unabhängigkeitskrieg gegen das britische Mutterland einen Namen als General und Stratege gemacht hatte. Dabei war die Wahl zum ersten Präsidenten der Vereinigten Staaten von Amerika keineswegs der Höhepunkt einer sorgsam geplanten Politikerkarriere.

Nach dem Tod seines Vaters wurde der elfjährige George unter die Vormundschaft seines Halbbruders Lawrence gestellt. Zeitgenossen berichten, er habe zwar keine gute schulische Bildung besessen, sei aber durch sein großes Organisationstalent hervorgetreten. Nach dem Tod von Lawrence 1752 erbte der mittlerweile 20-jährige George die Plantage von Mount Vernon nahe der heutigen (nach ihm benannten) Hauptstadt Washington. Neben der Arbeit auf den nunmehr ausgedehnten Ländereien, fasste er eine militärische Karriere ins Auge, nachdem der Gouverneur von Virginia ihn während des »Indian and French War« (1754 bis 1763) mehrfach mit der Leitung einer Miliz beauftragt hatte. Obwohl er die Grenzen Virginias gegen französische Truppen verteidigt hatte und er inzwischen den Oberbefehl über alle Truppen des Staates hatte, verweigerten ihm die Briten ein reguläres Offizierspatent. Er nahm Abschied vom Militär und zog sich auf seine Plantagen zurück.

Dort arbeitete er bis 1774 und heiratete Martha Dandrige Custis, die ein stattliches Vermögen in die Ehe einbrachte. Auslöser für die Entscheidung in die Politik zu gehen, war das in seinen Augen provozierende Verhalten der Vertreter des britischen Mutterlandes, die ihn daran hindern wollten, seinen Grundbesitz nach eigenen Vorstellungen auszudehnen. Beim zweiten Kontinentalkongress beauftragten ihn die Delegierten im Mai 1775 mit der Aufstellung und Führung eines Revolutionsheeres für den amerikanischen Unabhängigkeitskrieg gegen die Briten.

Er war kein genialer Stratege, aber ein sorgfältiger Organisator, seine Kriegsführung ähnelte eher einem Partisanenkampf als offenen Feldschlachten. George Washington versuchte britische Kräfte durch Ablenkungsmanöver zu binden, damit sich andere Teile seiner Armee ausruhen konnten. Während bereits am 4. Juli 1776 die amerikanische Unabhängigkeitserklärung verkündet worden war, wogte das Kriegsgeschehen bis 1781 hin und her: Weder die britischen noch seine eigenen Truppen waren entscheidend geschwächt.

Das Ende des Unabhängigkeitskrieges kam mit Unterstützung eines französischen Expeditionsheeres 1781 zustande. Und nach der Schlacht von Yorktown beendete die britische Kapitulation am 17. Oktober 1781 den sechs Jahre dauernden Krieg. Am 3. September 1783 folgte mit dem Vertrag von Paris die Anerkennung der Unabhängigkeit Amerikas vom englischen Königreich. George Washington zog sich unmittelbar nach dem Ende der Kampfhandlungen ins Privatleben zurück. Von Mount Vernon aus verfolgte er die Debatten um eine amerikanische Verfassung, deren ersten Entwurf er für unvollkommen hielt.

Als 1787 die Revision dieser Verfassung anstand, wurde er aufgefordert, als Delegierter Virginias an den Beratungen teilzunehmen. Er wurde zum Präsidenten der Versammlung gewählt. George Washington war parteilos und beteiligte sich an den meisten Debatten nur wenig. Er wollte über den Interessen schweben und seine eigene Unabhängigkeit bewahren. Die oft hitzigen Beratungen zogen sich bis 1788 hin. Im Juni passierte die Verfassung schließlich das Ratifizierungsverfahren und die ersten Präsidentenwahlen konnten durchgeführt werden.

Nach seinem Wahlsieg führte er die Amtsgeschäfte zwar einerseits mit Sinn für wirkungsvolle Außendarstellung, andererseits aber auch mit großem Geschick. Da die Verfassung an vielen Stellen bewusst vage formuliert war, sorgte George Washington dafür, dass der Präsident eine ungewöhnlich machtvolle Position zugeschrieben bekam. In der ersten seiner beiden Amtsperioden ging es vor allem um den Abbau der Schulden, die sich nach dem Unabhängigkeitskrieg aufgetürmt hatten. Bei dieser Debatte formierten sich zwei Lager – »Republikaner« und »Föderale« –, aus denen später die beiden bis heute existierenden amerikanischen Parteien hervorgegangen sind: »Republikaner« und »Demokraten«.

1792 wurde George Washington mit einem überwältigenden Ergebnis wieder gewählt. Er widmete sich vor allem der außenpolitischen Stabilisierung, denn weder konnte er einen Konflikt mit dem ehemaligen Mutterland England gebrauchen, noch wollte er sich zu sehr in den revolutionären Wirren Europas nach der französischen Revolution von 1789 engagieren.

Die Kandidatur für eine dritte Amtszeit lehnte er ab. Einerseits war er amtsmüde, andererseits stand es um seine Gesundheit nicht mehr zum Besten. Nach der Amtseinführung seines Nachfolgers

John Adams zog er sich nach Mount Vernon zurück, wo er am 14. Dezember 1799 starb. Er hatte seinem Land ein Leben lang gedient: Als General bei der Erringung der Unabhängigkeit und als Präsident in der Zeit der Staatsgründung. Er hat damit den USA einen bis heute sichtbaren und prägenden Stempel aufgedrückt.

Napoleon Bonaparte (1769–1821)

In seiner Heimat hatten sich gerade die Wirren der Terrorherrschaft der Französischen Revolution gelegt, als ihn im Oktober 1795 der Ruf des Nationalkonvents ereilte, einen Aufstand königstreuer Franzosen in Paris niederzuschlagen. Napoleon Bonaparte erledigte diesen Auftrag mit erstaunlicher Präzision, empfahl sich für höhere Aufgaben und wurde zum General befördert. Ein Jahr später schickte ihn die Regierung in den Krieg gegen Österreich, das seit Jahren versuchte, die Ausbreitung der Französischen Revolution zu verhindern.

Mitte Oktober 1797 unternahm Napoleon den entscheidenden und siegreichen Feldzug gegen das österreichische Heer. Im Friedensvertrag vom 17. Oktober 1797 wurden die Lombardei und die Niederlande von Österreich abgetrennt und der Rhein als französische Ostgrenze festgelegt.

Napoleon war ein militärisches Genie, viel mehr aber strebte er nach politischer Macht. Am 9. November 1799 besetzte er in einer waghalsigen Aktion die französische Hauptstadt, stürzte die Regierung, jagte die Abgeordneten aus der Stadt und gab der französi-

> »Wenn eine verzweifelte Situation ein besonderes Können erfordert, dann bringt man dieses Können auch auf, obwohl man vorher keine Ahnung davon hatte.«

Napoleon Bonaparte

schen Republik eine hastig ausgearbeitete Verfassung. Einen Monat später verkündete er das Ende der Französischen Revolution. Anschließend senkte er die Steuern und erließ eine Gesetzessammlung, den ›Code Napoleon‹. Napoleon ließ sich »erster Konsul« nennen und glich seinen Herrschaftsstil dem der großen römischen Imperatoren an. Er war umgeben von Senatoren und Präfekten und verbreitete den Eindruck, das napoleonische Frankreich sei – nach dem Reich der Cäsaren und dem Reich Karls des Großen – das dritte Römische Reich. Damit seine Stellung ins rechte Licht gerückt wurde, krönte sich Napoleon am 18. Mai 1804 selbst zum Kaiser.

Mit der Kaiserkrone auf dem Haupt machte er sich daran, die politische Landkarte Europas zu verändern. Dabei kam ihm entgegen, dass viele Menschen in Europa der Magie des Revolutionsrufes nach »Freiheit, Gleichheit und Brüderlichkeit« erlegen waren und ihren eigenen Regenten nicht mehr trauten.

Aber auf dem Weg zum französischen Superstaat standen noch andere Stolpersteine im Weg: Dem englischen Außenminister war es gelungen, eine europäische Allianz gegen Frankreich zu schmieden. Als Napoleon davon erfuhr, hastete er am 17. Oktober 1805 eilig mit seinen Truppen nach Süddeutschland und zwang erst ein österreichisches und einige Wochen später ein russisch-österreichisches Heer in die Knie. Am 26. Dezember 1805 wurden im Frieden von Preßburg Venetien und Dalmatien dem neu gegründeten Königreich Italien zugeschlagen. Wenig später ließ sich der Korse Napoleon zum König von Italien krönen. Die europäischen Königshäuser mussten dem Treiben des Franzosen auch am 12. Juli 1806 ohnmächtig zusehen, als 16 deutsche Kleinstaaten die so genannte »Rheinbund-Akte« unterschrieben und sich Frankreich unterstellten.

Nun blieben nur noch England, Preußen und Russland als ernst zu nehmende Gegner für den französischen Kaiser übrig, aber auch vor ihnen schreckte er nicht zurück. Am 14. Oktober 1806 schlugen französische Truppen das preußisch-russische Heer in der Doppelschlacht von Jena und Auerstedt derart vernichtend, dass schon einen Tag später die Kapitulation erfolgte. Das einst so mächtige Preußen wurde zum Rumpfstaat ohne Bedeutung, und Napoleon handelte ein Jahr später mit dem russischen Zaren Alexander I. die Aufteilung Europas aus. Gemeinsam beschlossen sie, eine Kontinentalsperre gegen die noch verbliebene Großmacht England zu verhängen, das auf diese Weise ausgehungert werden sollte.

Aber in seinem Größenwahn steckte auch Napoleons Untergang: Er verhielt sich so, als ob er durch nichts und niemanden aufzuhalten wäre, und übersah den Widerstand, der sich überall in

Europa gegen die französische Okkupation des Kontinents breit gemacht hatte. Auslöser für das Ende seiner Herrschaft war die Kündigung der Kontinentalsperre durch Zar Alexander I., was Napoleon veranlasste, mit der bis dahin größten je gesehenen Streitmacht im Juni 1812 nach Russland zu ziehen. Mitte September hatte er Moskau erreicht, aber der Zar hatte die Stadt vorher bereits anzünden lassen.

Mehr als einen Monat wartete Napoleon darauf, mit dem Zaren einen Vertrag auszuhandeln. Als dieser einem vereinbarten Treffen fernblieb, trat der Franzose den Rückzug an und geriet in den eiskalten russischen Winter. Kosakenverbände griffen die »Grande Armée« immer wieder an und rieben sie schließlich in der Schlacht an der Beresina nahezu vollständig auf.

Der Unbesiegbarkeitsmythos war dahin, und die europäischen Heerführer fassten wieder Mut, sich aus dem Klammergriff des Franzosen lösen zu können. In der Völkerschlacht, die zwischen dem 16. und 19. Oktober 1813 vor Leipzig tobte, bezog Napoleon die nächste Niederlage: Er entkam knapp der Gefangennahme und musste wenig später auf die Mittelmeerinsel Elba fliehen.

Während die Siegermächte in Wien bereits über eine Nachkriegsordnung verhandelten, kehrte Napoleon am 1. März 1815 noch einmal nach Paris zurück. Aber die Verbündeten der Anti-Frankreich-Koalition reagierten sofort, stellten ein Heer zusammen und zogen am 18. Juni 1815 im nordfranzösischen Waterloo gegen Napoleon in die Schlacht. Als der Tag sich seinem Ende zuneigte, war die Entscheidung gefallen: Napoleon war besiegt und Europa von der französischen Vorherrschaft endgültig befreit. Napoleon dankte ein zweites Mal ab und wurde auf die kleine Insel St. Helena im südatlantischen Ozean in die Verbannung geschickt. Dort starb er am 5. Mai 1821 einsam und – wie er meinte – von der Welt unverstanden.

Abraham Lincoln (1809–1865)

Abraham Lincoln wollte den Karfreitag nutzen, um mit seiner Frau in Washington eine Aufführung im Ford-Theater zu besuchen. Er hatte gerade Platz genommen, als ein Mann hinter ihn trat, eine Pistole zog und kaltblütig auf ihn schoss. Durch das Theater ging ein Aufschrei des Entsetzens, denn der Präsident hatte erst wenige Tage zuvor den Sezessionskrieg beendet und ein Auseinanderbrechen der noch jungen amerikanischen Nation verhindert. Abraham Lincoln erlangte das Bewusstsein nicht mehr wieder und verstarb einige Stunden nach dem Attentat. In den nächsten beiden Wochen durchquerte ein Leichenzug das Land von Washington nach Illinois. An seinem Weg erwiesen Hunderttausende dem 16. Präsidenten der USA die letzte Ehre.

Die ersten Jahre seines Lebens verbrachte der in einer Blockhütte geborene Abraham Lincoln auf Wanderschaft. Sein Vater war Farmer und die Familie viel unterwegs, denn sie musste der Arbeit hinterherziehen. Abrahams Vater war praktizierender Baptist, der die Sklaverei verdammte und seinem Sohn damit eine bleibende Prägung gab. Anfang der 30er Jahre hatte sich der junge Abraham Lincoln in Debattierclubs als Redner hervorgetan, was ihn 1832 zur Kandidatur für das Parlament von Illinois bewog. Der erste Versuch scheiterte, aber zwei Jahre später saß er als Abgeordneter der Whig-Partei im Parlament, dem er bis 1842 angehörte. Schnell erwarb er sich den Ruf eines seriösen Politikers mit dem Spitznamen »honest Abe« (»ehrlicher Abe«). Neben seiner Tätigkeit als Parlamentarier absolvierte er diszipliniert ein Selbststudium der Rechtswissenschaften und legte zum ersten Mal öffentlich Bekenntnis gegen die

»Man kann das ganze Volk eine Zeit lang täuschen und man kann einen Teil des Volkes die ganze Zeit täuschen, aber man kann nicht das ganze Volk die ganze Zeit täuschen.«

Abraham Lincoln im Kreise politischer Vertrauter, Stich von 1864.

Sklaverei ab. Der schon bald versierte Jurist wurde zum Hoffnungsträger der Whigs, die ihn 1847 als Kandidaten für das Repräsentantenhaus nominierten.

Nach gewonnener Wahl machte er in Washington aus seiner Ablehnung der Sklaverei keinen Hehl. Aber damit schuf er sich mehr Feinde als Freunde, verzichtete auf eine Kandidatur zur Wiederwahl und zog sich ins Privatleben zurück. Erst als sich das Problem einige Jahre später immer mehr zuspitzte, entschloss er sich 1856, der aus Ablehnung der Sklaverei gegründeten Republikanischen Partei beizutreten. Abraham Lincoln vertrat die Ansicht, dass die Väter der amerikanischen Verfassung das Slaventum abgelehnt, aus pragmatischen Gründen in jenen Staaten aber erlaubt hätten, in denen es schon vor der Verfassungsgebung etabliert war. Folgerichtig war er gegen jede Ausdehnung der Sklaverei auf weitere Staaten.

Trotz seiner Bekanntheit scheiterte Lincoln 1858 beim Versuch, einen Sitz im Senat zu erlangen. Seine Stunde schlug erst zwei Jahre später, als die Republikanische Partei ihn zum Präsidentschaftskandidaten kürte. Den Wahlsieg Abraham Lincolns empfanden die Südstaaten als Provokation, weil sie befürchteten, der neue Präsident wolle die Sklaverei generell abschaffen. Obwohl Abraham Lincoln dies öffentlich dementierte, steigerte sich der Zorn in manchen Südstaaten derart, dass immer mehr Menschen glaubten, ihre bisherige Lebensweise nur durch Austritt aus der Union und Schaffung einer eigenen Nation retten zu können. South Carolina machte den Anfang und trat aus der Riege der amerikanischen Bundesstaaten aus. Dem folgten noch vor der Amtseinführung Abraham Lincolns sieben weitere Südstaaten. Sie gründeten die »konföderierten Staaten von Amerika«, wählten einen eigenen Präsidenten und forderten weiter nördlich gelegene Sklavereistaaten auf, ihrer Konföderation ebenfalls beizutreten.

Als Lincoln am 4. März 1861 schließlich offiziell ins Amt eingeführt war, hatte er keine Wahl: Um die Union zusammenzuhalten und damit das Überleben der Vereinigten Staaten von Amerika zu gewährleisten, musste Krieg geführt werden. Anfangs sah es nicht so aus, als würden sich die Südstaaten in diesem »Sezessionskrieg«

Der Sezessionskrieg

Nach der Wahl Lincolns zum Präsidenten der Vereinigten Staaten spaltete sich 1860 zunächst South Carolina wegen dessen Plänen zur Abschaffung der Sklavenhaltung von der Union ab, es folgten 1861 als so genannte konföderierte Staaten Mississippi, Florida, Alabama, Georgia, Louisiana, Texas, Virginia, Arkansas, Tennessee und North Carolina. Im folgenden Sezessionskrieg (lat. *secessio* = Abspaltung) kämpften die elf Staaten von 1861 bis 1865 um die politische Unabhängigkeit und konnten zunächst militärische Erfolge verbuchen (Fort Sumter, April 1861, Sieg bei Run Bull bei Washington, Juli 1861). Den Umschwung brachte der Sieg der Unionsstaaten bei Gettysburg (Juli 1863) sowie vor allem der Feldzug von General Sherman von Tennessee durch Georgia zum Atlantik (1864). Nach zahlreichen Niederlagen kapitulierten die konföderierten Staaten im April 1865.

leicht besiegen lassen, denn sie profitierten davon, dass einige der besten Generäle Südstaatler waren und nun bei den »Konföderierten« dienten.

Während des Krieges setzte Abraham Lincoln die ein oder andere Vorschrift außer Kraft, überging Befehlsstrukturen in der Armee und rekrutierte eigenmächtig neue Soldaten, ohne das Parlament vorher zu befragen. Das brachte ihm harsche Kritik und wenig Freunde ein. Er setzte sich aber – ohne zum Diktator zu werden – über diese Kritik hinweg. Ihn plagte eine viel wichtigere Frage: Wie sollte man im Falle eines Sieges mit den Sklaven in den Südstaaten verfahren. Befreite man sie, würde man gegen das Recht auf Eigentum verstoßen, denn Sklaven waren Eigentum ihrer Besitzer. Würde man sie nicht befreien, würde man seine eigenen Ideale verleugnen. Erst im September 1862 konnte sich Abraham Lincoln dazu durchringen, die Befreiung der Sklaven zum Kriegsziel zu erklären.

Der Bürgerkrieg zwischen dem Norden und dem Süden der USA ging nach der Niederlage der Konföderierten in der Schlacht von Gettysburg Anfang Juli 1863 seinem Ende entgegen. Die Verlierer konnten nur noch darauf hoffen, den Krieg in die Länge zu ziehen, damit Abraham Lincoln die Präsidentschaftswahlen 1864 verlieren und durch einen verhandlungsbereiten Präsidenten ersetzt werden würde. Der Plan scheiterte, Abraham Lincoln wurde am 8. November 1864 wieder gewählt und am 4. März 1865 vereidigt. Am 9. April ergaben sich die letzten konföderierten Truppen. Der Bürgerkrieg war zu Ende, die Union der Vereinigten Staaten von Amerika gerettet und die Sklaverei offiziell abgeschafft.

Otto von Bismarck (1815–1898)

Während die einen ihn vehement ablehnten, war er für die anderen ein politisches Genie: Die bewegte politische Karriere Otto von Bismarcks begann im Mai 1847 als Abgeordneter des preußischen Vereinigten Landtags und bietet für beide Bewertungen genügend Belege. Gemeinsam mit seinem preußischen König Friedrich-Wilhelm IV. lehnte er das in der Frankfurter Paulskirche tagende Revolutionsparlament, das eine neue Verfassung erarbeiten sollte, ab. Ein auf Volkssouveränität gegründeter deutscher Nationalstaat war für beide Teufelswerk, sie beharrten stattdessen auf dem Monarchieprinzip, das die Königswürde von einem Gottesgnadentum herleitete.

Nach der gescheiterten deutschen Revolution war Bismarck preußischer Gesandter beim Bundestag in Frankfurt, Diplomat in St. Petersburg und kurzzeitig Botschafter in Paris. Am 22. September 1862 ernannte ihn der neue König Wilhelm I. zum preußischen Ministerpräsidenten. In den folgenden 26 Jahren bildeten die beiden ein kongeniales Tandem, an dem sich Liberale, Sozialisten und Katholiken im Land die Zähne ausbeißen sollten: Als Erstes setzte Bismarck eine Heeresreform ohne Zustimmung des Parlaments durch und regierte vier Jahre ohne parlamentarisch abgesegneten Haushalt.

Außenpolitisch wollte er Preußen auf das Gebiet des Deutschen Bundes ausweiten, und ein Streit um die Zukunft Schleswig-Holsteins bot ihm Gelegenheit, diesen Plan in die Tat umzusetzen. Erst trat Preußen aus dem Deutschen Bund aus und zwang wenig später Österreich in einen Krieg um die Vorherrschaft in Deutsch-

»An Grundsätzen hält man nur fest, solange sie nicht auf die Probe gestellt werden; geschieht das, so wirft man sie fort wie der Bauer die Pantoffeln und läuft, wie einem die Beine nach der Natur gewachsen sind.«

land. Der deutsch-deutsche Bruderkrieg begann am 21. Juni 1866 und endete nach der Schlacht im böhmischen Königgrätz am 3. Juli 1866. Nach dem Sieg über Österreich rief Otto von Bismarck den Norddeutschen Bund ins Leben, dem neben Preußen die norddeutschen Bundesstaaten angehörten.

Als Nächstes provozierte er den französischen König Napoleon III., indem er eine von ihm gefälschte königliche Depesche (»Emser Depesche«) veröffentlichte. Dadurch brachte er Napoleon III. während des Streits um die spanische Thronfolge derart in Bedrängnis, dass der französische König am 19. Juli 1870 mit einer Kriegserklärung gegen den Norddeutschen Bund antwortete. Am 1. September 1870 fand die einzige Schlacht dieses Krieges im französischen Sedan statt, die das preußische Heer gewann. Exakt 170 Jahre nach der Gründung des Staates Preußen wurde am 18. Januar 1871 im Spiegelsaal des Versailler Schlosses das erste deutsche Kaiserreich ausgerufen, und der preußische König Wilhelm I. wurde Kaiser.

Doch mit seiner Proklamation verlor Preußen die staatliche Eigenständigkeit und ging im neuen Deutschen Reich auf. Für diese außenpolitisch riskante Reichsgründung erntete der zum Reichskanzler ernannte Otto von Bismarck bei seinen Bewunderern viel Lob. Das galt auch für die Außenpolitik der folgenden Jahre, in denen er es meisterhaft verstanden hat, eine relativ lange Phase des Friedens durch ein kompliziertes Vertragssystem in Europa zu organisieren. Jeder Staat war mit jedem vertraglich gebunden und

---

Die Einführung der wichtigsten Sozialgesetze in Deutschland

Kranken- (1883), Unfall- (1884), Invaliditäts- und Altersversicherung (1889), Arbeiterschutz (1891), obligatorische Gewerbegerichte (1901), Ausbau und Erweiterung von Unfall- und Krankenversicherung (1900/1903), Verbesserung des Kinderschutzes (1903), schließlich die Reichsversicherungsordnung (1911). Mit diesen Gesetzen war Deutschland seinerzeit führend in der Sozialgesetzgebung.

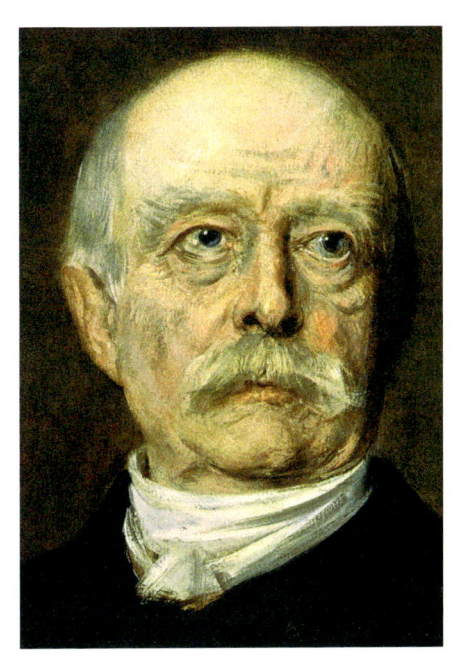

Otto von Bismarck, Porträt von Franz v. Lenbach, 1888.

der Verstoß gegen die Interessen des einen zog unweigerlich eine militärische Reaktion anderer Staaten nach sich. Dieses gegenseitige Abhängigkeitsverhältnis bescherte Europa für viele Jahre Frieden.

Aber diesem außenpolitischen Kunststück standen innenpolitisch erst der so genannte »Kulturkampf« und dann die »Sozialistenverfolgungen« gegenüber. Da Otto von Bismarck den Einfluss der katholischen Kirche und vor allem des Papstes in Rom fürchtete, legte er den deutschen Klerus an die Leine. Politische Äußerungen von der Kanzel wurden verboten, katholische Schulen und karitative Einrichtungen unter staatliche Aufsicht gestellt. Finanzmittel wurden gesperrt und die Priesterausbildung endete mit einer staatlichen Prüfung. Diese religiöse Verfolgung irritierte die katholischen Bevölkerungsteile, die ihre Verbitterung zunehmend in der Unterstützung der vom Verbot ausgenommenen katholischen Zentrumspartei zum Ausdruck brachten. Als groteskes Ergebnis des Kulturkampfs wuchs die Zahl der Zentrumsabgeordneten im Deutschen Reichstag zwischen März 1871 und Oktober 1881 von 61 auf 100.

Nach den Katholiken sagte der Reichskanzler den Sozialisten den Kampf an. Seit 1869 hatten die Arbeiter eine eigene Partei, aber die SPD-Abgeordneten waren für Otto von Bismarck nichts als Vaterlandsverräter und Gesindel. Als im Mai 1878 von einem geistesgestörten Gelegenheitsarbeiter ein Attentat auf den Kaiser verübt wurde, war der Anlass für die »Sozialistengesetze« gefunden. Sozialdemokratische Organisationen und die SPD-Presse wurden verboten, Versammlungen durften nicht mehr abgehalten werden. Wie die katholische Zentrumspartei nahm die SPD aber an Wahlen teil, verdreifachte zwischen 1878 und 1890 ihren Stimmenanteil und war am Ende der Sozialistenverfolgung stärkste Fraktion im Reichstag. In der gleichen Zeit führte Otto von Bismarck im Deutschen Reich als erstes europäisches Land die von Arbeitern und Unternehmern paritätisch zu bezahlende Kranken-, Unfall-, Renten- und Invaliditätsversicherung ein.

Als im so genannten »Dreikaiserjahr« erst Wilhelm I., dann sein todkranker Nachfolger Friedrich III. starben und schließlich Wilhelm II. den Thron des deutschen Kaisers bestieg, war das politische Schicksal Otto von Bismarcks besiegelt. Er verstand sich mit dem neuen Kaiser nicht und reichte am 17. März 1890 seinen Rücktritt ein. Bis zu seinem Tod am 30. Juli 1898 lebte Otto von Bismarck auf Gut Friedrichsruh, wo er seine Erinnerungen schrieb, die an seinen Nachfolgern kein gutes Haar ließen.

Wladimir Iljitsch Uljanow, genannt Lenin (1870–1924)

1883 hatte sich Alexander Iljitsch Uljanow an der Universität in St. Petersburg eingeschrieben und drei Jahre später für eine zoologische Studie eine hohe Auszeichnung erhalten. Vom Preisgeld kaufte er allerdings keine Bücher, sondern Dynamit, denn er gehörte einer revolutionären Gruppe an, die sich die Ermordung Zar Alexanders III. zum Ziel gesetzt hatte. Aber die Polizei entdeckte die Verschwörung und stellte Alexander vor ein Gericht, das ihn nach kurzer Verhandlung zum Tode verurteilte. Alexander Iljitsch Uljanow wurde 1887 in der Nähe des sibirischen Flusses Lena hingerichtet. Als sein Bruder Wladimir davon erfuhr, erlitt er einen Schock und nannte sich nach dem Fluss, an dem sein Bruder ermordet worden war, fortan »Lenin«.

Sechs Jahre später zog Lenin nach St. Petersburg, beendete sein Jurastudium, unternahm mehrere Europareisen und gründete den »Bund für die Befreiung der Arbeiterklasse«. Zurück in Russland agitierte er gegen das herrschende feudale System und wurde deswegen im Dezember 1895 zum ersten Mal verhaftet. Es folgten weitere Haftstrafen und schließlich im Februar 1897 die Verbannung nach Sibirien.

1900 wurde er entlassen, er ging wieder nach Europa, reiste durch verschiedene Länder und gründete eine straff organisierte Kaderpartei aus Berufsrevolutionären. Die Anhänger seiner Partei nannten sich Bolschewiki (»Mehrheitler«). Sie unterschieden sich von anderen dadurch, dass sie weder legal, wie die damaligen »Marxisten«, noch sozialreformerisch, wie die damaligen Menschewiken (»Minderheitler«), agieren wollten. Lenin gab die kompromisslose Parole aus, das rückständige Russland müsse durch eine sozialistische Revolution grundlegend verändert werden.

Den Beginn des Ersten Weltkriegs verbrachte Lenin in der Schweiz, von wo aus er Anfang 1917 nach Russland zurückkehrte.

Lenin (links) zusammen mit Stalin.

Im April desselben Jahres verkündete er, die Revolution in Russland müsse »zugespitzt« werden, um die Arbeiter, Bauern und Soldaten an die Macht zu bringen. Aber der von den Bolschewiki getragene Juli-Aufstand scheiterte, und Lenin musste nach Finnland flüchten.

Als der von Leo Trotzki organisierte Putsch im November 1917 die bürgerliche Regierung stürzte und die Bolschewiki an die Macht brachte, kehrte Lenin nach Moskau zurück und rief die »Räterepublik« aus. Die Herrschaft sollte nicht mehr vom Zar oder einer bürgerlichen Regierung ausgeübt werden, sondern von Räten, die das Volk direkt zu wählen hatte.

Lenin setzte sich an die Spitze der von den Bolschewisten getragenen Regierung und etablierte einen diktatorischen Regierungsapparat, der jede Opposition kompromisslos unterdrückte. Im Februar 1918 wurde aus der zaristischen Armee die »Rote Armee«, einen Monat später unterzeichnete Außenkommissar Leo Trotzki in Brest-Litowsk einen Friedensvertrag mit dem Deutschen Reich, wodurch für Russland der Erste Weltkrieg beendet war. Aber auch das stabilisierte die Lage nicht, zumal auf Lenin im August 1918 ein Attentat verübt wurde, das er nur knapp überlebte. Lenin antwortete mit landesweitem Terror, dem in den folgenden Wochen einige Tausend Menschen zum Opfer fielen.

Er war zwar die unbestrittene Führungsfigur innerhalb der nach der erfolgreichen Oktoberrevolution gegründeten KPdSU (»Kommunistische Partei der Sowjetunion«), aber vor Kritik nicht gefeit. Vor allem die verfehlte Agrarpolitik und die schlechte Ernährungslage im Land kreidete man ihm an. Als es gegen die zwangsweise Beschlagnahmung von Lebensmitteln zu Hungeraufständen kam, wurde die Rote Armee gegen das eigene Volk eingesetzt. Allein an dem Matrosenaufstand von Kronstadt waren zwischen dem 7. und dem 18. März 1921 mehr als 50 000 Rotarmisten und rund 10 000 aufständische Matrosen beteiligt.

Mehrere tausend Menschen überlebten den Aufstand nicht. Kurze Zeit später wurde die »Neue Ökonomische Politik« verkündet. Die Beschlagnahmungen hörten auf und die Bauern durften in beschränktem Umfang ihre Waren eigenverantwortlich verkaufen.

Die Gründung der UdSSR (»Union der sozialistischen Sowjetrepubliken«) erlebte Lenin Ende Dezember 1922 vom Krankenlager, denn nach mehreren Schlaganfällen und einer schweren Hirnkrankheit war er schon seit Monaten arbeitsunfähig. Die Ursache seines Todes am 21. Januar 1924 wurde geheim gehalten, sein Leichnam nicht beerdigt, sondern – bis heute – in einem Mausoleum auf dem Roten Platz in Moskau aufgebahrt. In den letzten Monaten seines Lebens war er umgeben von schlechten Ratgebern und machthungrigen Politfunktionären, die ihn beerben wollten. Einer von ihnen war Stalin, der inzwischen zum Generalsekretär der

KPdSU aufgestiegen war. In mehreren Schreiben an das Politbüro warnte Lenin vor dem Machthunger und der Brutalität Stalins und schlug – erfolglos – Trotzki als seinen Nachfolger vor.

Auszug aus Lenin-Brief

»Stalin ist zu grob und dieser Mangel kann in der Funktion des Generalsekretärs nicht geduldet werden. Deshalb schlage ich den Genossen vor, sich zu überlegen, wie man Stalin ablösen könnte, und jemand anderen an diese Stelle zu setzen, der sich in jeder Hinsicht von Genosse Stalin nur durch einen Vorzug unterscheidet, nämlich dadurch, dass er toleranter, loyaler, höflicher und den Genossen gegenüber aufmerksamer, weniger launenhaft usw. ist.«

Josef Wissarionowitsch Dschugaschwili genannt Stalin (1879–1953)

Josef Wissarionowitsch Dschugaschwili wurde am 21. Dezember 1879 im georgischen Gori geboren. Sein Vater war leibeigener Schuhmacher und die Familie Dschugaschwili fristete ein bescheidenes Dasein. Josef Dschugaschwili wuchs als Einzelkind auf. Von seinem trunksüchtigen Vater wurde er oft verprügelt, was vielleicht eine Ursache für seine später berüchtigte Brutalität im Umgang mit politischen Gegnern war. Erst mit elf Jahren lernte er Russisch und trat vier Jahre später in ein Priesterseminar in Tiflis ein, aber die theologische Karriere endete abrupt, als er wegen Beteiligung an revolutionären Aktionen der SDAPR (»Sozialdemokratischen Arbeiterpartei Russlands«) aus dem Seminar ausgeschlossen wurde. Statt Priester wurde Josef Dschugaschwili nun Berufsrevolutionär.

Seit der Jahrhundertwende arbeitete er als Propagandist der SDAPR, wurde 1902 nach einer gewalttätigen Arbeiterdemonstra-

Stalin, offizielles Propagandafoto 1934.

tion verurteilt und nach Sibirien verbannt. 1904 konnte er zum ersten Mal fliehen, dies gelang ihm nach weiteren Verhaftungen in den folgenden Jahren immer wieder. Im Laufe dieser Jahre zwischen Verhaftungen und Fluchten knüpfte er glänzende Kontakte zur russischen Geheimpolizei. Das machte ihn interessant für Lenin, der ihn 1912 ins Zentralkomitee der Bolschewisten berief. Von diesem Zeitpunkt an nannte sich Josef Dschugaschwili »Stalin« – »der Stählerne«. Im neuen Job zeigte er sich schnell als pragmatischer Organisator, der wenig Rücksicht auf die Theorie der kommunistischen Weltrevolution nahm. Aus Angst, von der russischen Armee eingezogen und in den Ersten Weltkrieg geschickt zu werden, floh er nach Wien.

Nach der erfolgreichen russischen Revolution im Oktober 1917, mit der Stalin wenig zu tun hatte, wurde er von Lenin am 7. November 1917 zum Kommissar für die Nationalitätenfrage ernannt. Nach dem Ende des zaristischen Russland sahen viele Nationalitäten und Randrepubliken die Chance, sich von Russland lossagen und eigene Staaten gründen zu können. Stalin verhinderte das mit rücksichtsloser Gewalt. Der 1918 beginnende Bürgerkrieg bot ihm die Möglichkeit, sich auch als »Politischer Kommissar« einen Namen zu machen.

1919 gelangte er in eine Machtposition, von der aus er alle innerparteilichen Gegner kontrollieren und – wenn es sein musste – auch ausschalten konnte. Denn nach einer Neuorganisation der kommunistischen Partei wurde er als Einziger Mitglied sowohl des Polit- als auch des Organisationsbüros. Drei Jahre später krönte er seine beispiellose Parteikarriere, indem er den neu geschaffenen Posten des Generalsekretärs übernahm, den er bis zu seinem Tod 1953 nicht mehr abgab.

Nach dem Tod Lenins am 21. Januar 1924 wurde Stalin unumschränkter Herrscher der Partei und damit auch der Sowjetunion. Nacheinander schaltete er jedwede parteiinterne Opposition aus und nutzte seine Machtfülle dazu, das Land einer Zwangskollektivierung und einer rasanten Industrialisierung zu unterziehen. Die Kehrseite dieses Prozesses: Den damit verbundenen »Säuberungen« fielen bis Anfang der 30er Jahre mehrere Millionen Menschen zum Opfer (»Kulakenverfolgung«).

Aber auch die KPdSU blieb von den mittlerweile Züge des Wahnsinns tragenden Verfolgungen Stalins nicht verschont. In öffentlichen Schauprozessen wurden Hunderttausende Parteimitglieder des Umsturzes, der Konterrevolution oder der Gegnerschaft zu Stalin beklagt und zu Zwangsarbeit oder Tod verurteilt. Mitte der 30er Jahre ereilte dieses Schicksal auch die Rote Armee. Stalin ließ die Generalität und das Offizierkorps einer gnadenlosen Säuberungsaktion unterziehen, an deren Ende das sowjetische Militär quasi ohne Führung war. Gleichzeitig umgab er sich mit einem ausufernden Personenkult: Ergebenheitsliteratur, verherrlichende Bilder, eine allgegenwärtige Präsenz in der Öffentlichkeit und die Benennung von Städten, öffentlichen Gebäuden, Straßen und Sportstätten mit seinem Namen waren Ausdruck dieses Größenwahns.

Am 23. August 1939 schloss Stalin mit Hitler einen Nichtangriffspakt und einen Geheimvertrag über die Aufteilung Polens. Nachdem am 1. September 1939 die deutsche Wehrmacht Polen überfallen hatte, marschierte am 17. September 1939 gemäß dieses Geheimvertrages die Rote Armee in Polen, in den baltischen Staaten und in Ostrumänien ein. Aber die Zusammenarbeit der beiden Diktatoren Hitler und Stalin endete im Juli 1941 mit dem Angriff der deutschen Wehrmacht auf die Sowjetunion. Wenige Tage später proklamierte Stalin den »Großen Vaterländischen Krieg« und bewirkte einen ungeheuren Durchhalte- und Widerstandswillen beim sowjetischen Volk. Der Sieg über die deutschen Aggressoren begründete seinen legendären Ruf als »Väterchen«, der »sein Volk« vor der Versklavung durch die Deutschen gerettet hat. Auf den beiden Konferenzen von Jalta und Potsdam setzte Stalin 1945 einen erheblichen Machtzuwachs der Sowjetunion durch. Anstelle von deutschen Soldaten am Ural standen nun Angehörige der Roten Armee in Berlin und Ostdeutschland, in Ungarn, der Tschechoslowakei, Rumänien und in Polen.

Nach dem Zweiten Weltkrieg ließ Stalin das Netz von Straf- und Arbeitslagern weiter ausbauen. Hinter den Mauern dieser »Gulags« verschwanden mehrere Millionen Menschen, über deren Schicksal erst nach und nach Genaueres bekannt wird. Mit vermutlich mehr als 25 Millionen Todesopfern zählt Stalin neben Mao Zedong und Adolf Hitler zu den größten Massenmördern der Menschheitsgeschichte. Trotzdem erstarrten die Menschen in der Sowjetunion, als sie am 5. März 1953 die Nachricht vom Ableben Stalins hörten. Selbst sein Tod kostete viele Menschen das Leben: Während der Trauerfeierlichkeiten und der Beisetzung am 9. März 1953 sind Tausende im Gedränge umgekommen.

Adolf Hitler (1889–1945)

Adolf Hitler wurde am 20. April 1889 im oberösterreichischen Braunau am Inn geboren. Über seine von Armut geprägte Kindheit und Jugend ließ Adolf Hitler später den Mantel des Schweigens decken: Sein Vater war ein Trunkenbold, in der Familie gab es Fälle von Inzucht. Mit diesem familiären Hintergrund hätte er später kaum die nationalsozialistische Rassenideologie des »reinen Germanen« propagieren können. 1905 verließ Adolf Hitler die Realschule in Steyr ohne Abschluss. Als Arbeitsloser, der sich mit Almosen, öffentlicher Unterstützung und nach dem Tod seiner Eltern mit einer Waisenrente über Wasser hielt, fristete er ab 1907 zeitweilig ohne festen Wohnsitz sein Leben in Wien.

Am Rande des Existenzminimums angekommen, zog er in ein Wiener Obdachlosenheim und geriet in antisemitische und antimarxistische Kreise, deren Stammtischgeschwätz er begierig in sich aufnahm. 1913 zog Adolf Hitler nach München, wo er täglich die antisemitische und völkische Radaupresse studierte, die Schriften des rassistischen Autors Houston Chamberlain las und ein entsprechendes Weltbild entwickelte, in dem »die Juden« an allem schuld waren. Aber das einschneidende Erlebnis seines Lebens fand am 16. August 1914 statt, als er sich freiwillig beim Bayerischen Reserve-Infanterieregiment Nr. 16 zum Ersten Weltkrieg meldete.

Wie für Millionen andere Soldaten waren die Kriegsjahre für ihn traumatisch. Er wurde zweimal verwundet und erhielt als Gefreiter das Eiserne Kreuz I. Klasse. Im November 1918 war der Erste Weltkrieg zu Ende und Adolf Hitler stand vor dem Nichts. Der vollkommen mittellose Soldat hatte weder etwas gelernt, noch hatte er eine eigene Familie. Äußerlich heruntergekommen vagabundierte er in den Straßen Münchens.

Im September 1919 besuchte er eine Versammlung der »Deutschen Arbeiterpartei« (DAP), der er wenige Tage später beitrat. Das völkisch-antisemitische Programm der Partei begeisterte ihn, und schon bald machte er sich als Redner der DAP einen Namen. Zwei Jahre später gelang es ihm, die Führung der nun in NSDAP (»Nationalsozialistische Deutsche Arbeiterpartei«) umbenannten Partei an sich zu reißen.

Nach einem gescheiterten Putschversuch am 9. November 1923 in München wurde er zu fünf Jahren Festungshaft verurteilt, musste aber nur zehn Monate davon absitzen. Nach seiner Entlassung folgte der steile Aufstieg Adolf Hitlers und der NSDAP. Aus einer Bierkellerpartei wurde innerhalb von fünf Jahren eine politische Bewegung, die – begünstigt durch die Folgen der Weltwirtschaftskrise 1929 – bei freien Wahlen bis Ende 1932 nahezu 38 Prozent der Stimmen auf sich vereinigen konnte.

Der ideologische Kern seiner Politik war ein radikaler Antisemitismus, der die »Ausrottung der Juden« zum Ziel hatte. Sie sollten vom »Erdball verschwinden« genauso wie so genannte »rassisch Minderwertige«, zu denen die Angehörigen der slawischen Völker Osteuropas, Sinti und Roma, aber auch kranke Menschen zählten. Sie hatten in seiner Weltanschauung kein Lebensrecht, ihr »lebensunwertes Leben« sollte ausgelöscht werden. Waren erst die Schwachen und die »rassisch Minderwertigen« ausgeschaltet, dann würde sich – so die fatale Logik – der »rassisch Höherwertige« durchsetzen, vermehren und die dann noch verbliebenen »minderwertigen« Menschen durch Sklavenarbeit ausbeuten.

Der Griff nach der Macht erfolgte am 30. Januar 1933, als ihn der Reichspräsident Paul von Hindenburg zum Kanzler eines nationalkonservativen Kabinetts ernannte. In den kommenden Jahren richtete er eine nationalsozialistische Diktatur ein, in der es nur eine Partei – die NSDAP – gab. Adolf Hitler stand ab 1934 als Reichskanzler und Reichspräsident über allen anderen Personen oder Institutionen des so genannten »Dritten Reichs«. Er ließ sich »Führer« nennen und genoss in seiner Partei genauso wie im Staat und bei der Mehrheit der Bevölkerung große Beliebtheit.

Innerhalb weniger Monate wurden konkurrierende Parteien verboten, die Gewerkschaften aufgelöst, Berufsverbände »gleichgeschaltet« und den nationalsozialistischen Organisationen einverleibt. Wer sich nicht »gleichschalten« ließ oder einer bestimmten Menschengruppe angehörte, wurde auf »Führerbefehl« entweder ausgeschlossen, des Landes verwiesen oder umgebracht: Juden, politisch Andersdenkende, so genannte »Asoziale«, Homosexuelle, Sinti und Roma, körperlich oder geistig behinderte Menschen – sie alle passten nicht in die neue »Volksgemeinschaft«.

Am 30. Januar 1939, dem sechsten Jahrestag der so genannten »Machtergreifung«, kündigte Adolf Hitler die »Vernichtung der jüdischen Rasse in Europa« für den Fall an, dass es zu einem weiteren Weltkrieg kommen würde. Aber genau diesen Weltkrieg löste er selbst am 1. September 1939 mit dem Überfall auf Polen aus. Neben der Vernichtung der »jüdischen Rasse« ging es in diesem Krieg um die Gewinnung »von Lebensraum im Osten« für die »deutscharische Herrenrasse«.

Der von Adolf Hitler und seinen Helfern begonnene Zweite Weltkrieg sollte mit deutschen Soldaten am Ural als »Herrscher über die russischen Untermenschen« enden. Das Ergebnis war genau umgekehrt: Im Mai 1945 erreichten die Soldaten der sowjetischen Roten Armee Berlin und besetzten die Hauptstadt des Deutschen Reichs. Nach dem Zweiten Weltkrieg war Deutschland nicht die beherrschende Macht Europas, sondern ein unter den alliierten Siegern des Krieges aufgeteiltes, besetztes und weitgehend rechtloses Land.

Der Urheber dieser Katastrophe war Adolf Hitler. Auf seinen Befehl wurden Angriffskriege und Verbrechen gegen die Menschlichkeit begangen, die rund 50 Millionen Menschen das Leben gekostet haben. Er entzog sich der Verantwortung, indem er am 30. April 1945 Selbstmord verübte.

Epochen der Weltgeschichte

Die griechische und römische Antike (8. Jahrhundert v. Chr. – 5. Jahrhundert n. Chr.)

Die griechische Antike begann im frühen 8. Jahrhundert v. Chr. Zwischen 770 und 540 breitete sich das griechische Reich im gesamten westlichen Mittelmeerraum, an der Ägäis und am Schwarzen Meer aus – die Überlieferungen aus dieser Zeit sind spärlich und stammen meist aus der Feder griechischer Dichter und Philosophen.

In den griechischen Stadtstaaten bildete sich das System der »Polis« heraus, einer ersten Organisationsform mit kleineren städtischen Strukturen. Sparta, die Hauptstadt Lakoniens auf dem Peloponnes, war nach strengen militärischen Normen organisiert. Die besonders harte und entbehrungsreiche – »spartanische« – Lebensweise genoss damals wie heute einen umstrittenen Ruf.

> Aristoteles: »Das Ganze ist mehr als die Summe seiner Teile.«

In Sparta und anderen Stadtstaaten regelten Verfassungen das Zusammenleben der Bürger, was mitunter auch zur Tyrannei – etwa in Korinth des 7. Jahrhunderts v. Chr. – führen konnte. Während sich einerseits Militärstaaten entwickelten, verhalfen andererseits die Reformen des Kleisthenes in Athen rund 500 v. Chr. der Demokratie zum Durchbruch.

An diese Reformen schloss sich die Blütezeit Athens an, das sich im Laufe der kommenden Jahrzehnte gegen die immer wieder einfallenden Perser zur Wehr zu setzen hatte. 490 v. Chr. siegte ein griechisches Heer bei Marathon, zehn Jahre später erlitt der persische König Xerxes in der Seeschlacht von Salamis gegen den grie-

Symbol antiker Kultur und Geschichte: Die Akropolis in Athen, Tempel der Athene, 5. Jh. v. Chr.

chischen Feldherrn Themistokles eine Niederlage. Diese Siege waren vor allem ein Erfolg der griechischen Polis: Gemeinsam konnten sie der Übermacht der Perser standhalten, vereinzelt hätten sie vermutlich keine Chance gehabt. In dem 477 v. Chr. gegründeten »Attischen Seebund« übernahm Athen anschließend die Führung der griechischen Stadtstaaten.

431 v. Chr. mündete die Dauerfehde zwischen Athen und Sparta in den 30 Jahre anhaltenden »Peloponnesischen Krieg«, der 404 v. Chr. mit der Niederlage und der anschließenden Unterwerfung Athens endete. Das »spartanische Modell« breitete sich nun über ganz Griechenland aus. In der Folgezeit führten die griechischen Städte einen nahezu permanenten Krieg gegeneinander. In wechselnden Koalitionen und unter Beteiligung der persischen Könige

stritten sie um die Hegemonie über Griechenland. Erst Philipp II. von Makedonien gelang es 338 v. Chr. den Machtkampf in Griechenland zu beenden. Seinem Sohn Alexander dem Großen blieb es vorbehalten, das griechische Reich durch Siege über die Perser bis in den Orient, nach Ägypten, Persien und Indien auszubreiten und den Hellenismus zu verbreiten. Als er verstarb, begannen die »Diadochenkämpfe« (»Nachfolgekämpfe«) unter den Ptolemäern, den Seleukiden und den Antigoniden.

Gegen Ende des zweiten vorchristlichen Jahrhunderts vermischte sich die griechische mit der römischen Antike, denn 146 v. Chr. intervenierte das Römische Reich im Streit um die Macht in Griechenland, indem Teile des »Archaischen Bundes« der nun römischen Provinz Mazedonien unterstellt wurden. Als 30 v. Chr. mit Ägypten der letzte Nachfolgestaat in das Römische Reich eingegliedert wurde, war die griechische Antike beendet und die römische Antike stand vor ihrem Höhepunkt.

Aber auch die Römer hatten eine lange Geschichte hinter sich, die von Kriegen gekennzeichnet war. Um 500 v. Chr. hatten sie sich von der etruskischen Herrschaft befreit und wenig später für Rom eine republikanische Regierungsform gefunden. Ähnlich wie in den griechischen Stadtstaaten galten auch hier Rechtsnormen, die das Zusammenleben der Bürger regelten. Sehr früh teilten sich Senat, Magistrat und die Volksversammlung die Macht in Rom und in den unterworfenen Gebieten. Nach der Übernahme der ehemals griechischen Gebiete war das Imperium Romanum die einzige und alles beherrschende antike Supermacht. Aber trotz seiner überragenden Stellung in der damals bekannten Welt, hatte das Römische Reich starke innere Konflikte, die sich in jahrelangen Bürgerkriegen und Aufständen bei den unterworfenen Völkern niederschlugen. Julius Caesar war der Erste, der die überkommene Form der römischen Republik dadurch beseitigen wollte, dass er mit seinen Truppen Rom besetzte und sich zum Diktator auf Lebenszeit ausrufen ließ. Seine Ermordung machte deutlich, dass die Römer seine Machtfülle keineswegs für akzeptabel hielten.

Erst seinem Neffen Augustus gelang es, durch die Einführung des Prinzipats die Republik abzulösen und eine dauerhafte Staatsform zu etablieren, die die Zeit des römischen Kaiserreichs einläutete. Seinen Nachfolgern gelang es bis in die erste Hälfte des zweiten Jahrhunderts n. Chr. glänzend, das Imperium zu stabilisieren und zu erweitern. Aber schließlich mussten auch die römischen Kaiser der Größe des Reichs Tribut zollen: An den Reichsgrenzen tauchten Germanen auf, aus dem Iran kamen Parther oder persische Sassaniden, die das römische Imperium bedrängten.

Das Ende des Römischen Reichs begann mit einer Völkerwanderung, die den Druck auf das riesige Reich verstärkte. Aber auch die folgende Anerkennung und Privilegierung des Christentums durch Kaiser Konstantin I. markierte die Abwendung von der antiken Kultur und Philosophie. Kaiser Valentinian I. konnte zwar Teile des Römischen Reichs stabilisieren, musste aber 378 n. Chr. gegen ein westgotisches Heer in der Schlacht von Adrianopel eine vernichtende Niederlage hinnehmen.

Eine weitere Schwächung war die Teilung des Reichs unter den Söhnen des 395 verstorbenen Kaisers Theodosius I. Das von Konstantinopel regierte Oströmische Reich erwies sich als widerstandsfähiger als das von Rom regierte Weströmische Reich. Dem Ansturm der Germanen, die ihrerseits auf der Flucht vor den Hunnen waren, hatte das Weströmische Reich nichts mehr entgegenzusetzen. 410 und 455 wurde Rom von den Westgoten und den Vandalen geplündert, ehe 476 der Germanenfürst Odoaker den letzten weströmischen Kaiser Romulus Augustus absetzte, sich selbst zum König von Italien ausrufen ließ und vom oströmischen Kaiser als rechtmäßiger Nachfolger anerkannt wurde. Damit war das weströmische Kaisertum beendet. Das oströmische Kaiserreich verlor zwar auch an Macht und Einfluss, hatte aber bis zur Eroberung durch die Türken 1453 Bestand.

Völkerwanderung (365 – 568)

Völkerwanderungen hat es während der gesamten Menschheitsgeschichte gegeben. Die Gründe für diese Bewegungen waren meist verschlechterte Lebensbedingungen (klimatische Veränderungen, Dürrekatastrophen, Überschwemmungen) oder politische Veränderungen, Krankheiten oder Überbevölkerung.

Bei der germanischen Völkerwanderung kamen mehrere Faktoren zusammen. Zum einen nahm die Bevölkerung dramatisch zu, konnte aber bei schlechter werdenden klimatischen Bedingungen ihr eigenes Überleben nicht mehr sicherstellen. Entscheidender war zum anderen das Vordringen der Hunnen, die vom Osten kommend immer weiter ins Zentrum des europäischen Kontinents zogen.

Die Hunnen, ursprünglich mongolische Nomaden, stammten aus dem östlichen Zentralasien und orientierten sich seit dem 4. Jahrhundert nach Westen. Zuerst erschienen sie am Kaspischen Meer, besiegten das iranische Volk der Alanen und schlugen 375 und 376 erst die Ost- und dann die Westgoten. Auch wenn die germanischen Stämme schon vorher ihre Siedlungsgebiete verlegt hatten, waren die Angriffe der Hunnen der letztendliche Anlass für ihre rund 200 Jahre dauernde Wanderungsbewegung.

Die Siege der Hunnen und die Angst vor ihrer scheinbar grenzenlosen Brutalität löste eine Bevölkerungsbewegung aus, die über Europa hinwegschwappte und selbst vor dem Römischen Reich nicht Halt machte: Die Westgoten erhielten innerhalb des Reichs ein Siedlungsgebiet in Thrakien, aber es gab Spannungen zwischen den Goten und der römischen Zentralmacht, die sich im August 378 in der Schlacht von Adrianopel entlud. Der römische Kaiser Valentinian I. unterschätzte die Streitmacht der von Sklaven und Bauern unterstützten Goten und zog den Kürzeren. Vier Jahre später wurde ein Friedensvertrag ausgehandelt, der den Goten Siedlungsland zuwies. Damit hatten sich die gotischen Flüchtlinge der

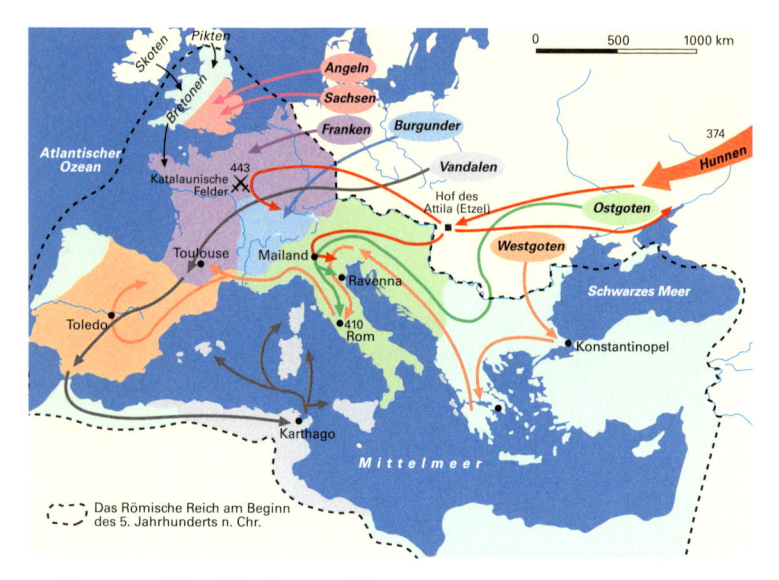

Die wesentlichen Wanderzüge Mitte des 1. Jahrtausends.

Völkerwanderung ein eigenes Gebiet erkämpft, das zwar im Römischen Reich lag, aber von ihnen selber verwaltet wurde und damit weitgehend eigenständig war. Dennoch hielt der Frieden nicht sehr lange.

Die Westgoten verließen 395 ihre neue thrakische Heimat und erschienen unter ihrem Anführer Alarich 410 vor den Toren Roms, nahmen die Stadt ein und plünderten sie drei Tage lang. Diese Plünderung löste bei den Bewohnern der Stadt eine tief greifende Endzeitstimmung aus und gilt seither als Beginn des Untergangs des Römischen Reichs.

Die Westgoten zogen weiter nach Gallien, wo sie 412 Land in Aquitanien erhielten. Benannt nach der Hauptstadt Toulouse (früher »Tolosa«) gründeten sie dort das »Tolosanische Reich«. In den folgenden Jahren erreichte das Reich seine größte Ausdehnung: Spanien kam ebenso hinzu wie das Baskenland und Südgallien. Nach der Niederlage gegen die Franken im Jahr 507 endete das Tolosanische Reich.

Den weitesten Weg während der Völkerwanderung legten die Vandalen zurück: Über ihre ursprünglichen Heimatgebiete gibt es unterschiedliche Vermutungen, wahrscheinlich kamen sie aus Skandinavien, bis sich einige Teilstämme nach Süden absetzten und zwischen Weichsel und Oder gelebt haben. Um 400 schlossen sich diese Stämme dem durch die nach Westen drängenden Hunnen ausgelösten Wanderungsbewegungen an. 406 überquerten sie den Rhein, zogen drei Jahre plündernd durch Gallien und ließen sich anschließend in Spanien nieder. Gegen die Westgoten des Tolosanischen Reichs bezogen sie aber eine vernichtende Niederlage, was einen Großteil der Vandalen bewogen hat, sich nach Südspanien zurückzuziehen, wo Andalusien (früher »Vandalusien«) noch heute von ihrer Anwesenheit Zeugnis ablegt.

Im Frühjahr 429 setzten 80 000 Vandalen unter ihrem König Geiserich nach Afrika über und eroberten zehn Jahre später Karthago. Von dort aus organisierte Geiserich Plünderungszüge nach Sizilien, Sardinien, Korsika und Rom. Das Vandalenreich war zu einer Seemacht geworden und beherrschte weite Teile des Mittelmeers und Afrikas. 455 wurde Rom zum zweiten Mal innerhalb kurzer Zeit geplündert. Nach dem Tod Geiserichs zerfiel das Vandalenreich rasch wieder.

Zeitgleich zu diesen Ereignissen drangen Angeln, Sachsen und Friesen aus Norddeutschland und dem heutigen Dänemark in Britannien ein und besetzten es. Die einheimischen Kelten mussten zurückweichen und siedelten ihrerseits in den Randgebieten der britischen Insel. 568 fielen die Langobarden in Norditalien ein und gründeten zu Lasten des Römischen Reichs das Langobardenreich. Ihre Versuche, auch den restlichen Teil Italiens einzunehmen, scheiterten mehrfach. Die Gründung des Langobardenreichs, das bis zur Niederlage gegen Karl den Großen 774 Bestand hatte, markiert das Ende der Völkerwanderung. Die Wanderungen waren gestoppt, weil die verschiedenen Germanenstämme neue

Siedlungsgebiete gefunden hatten. Auch wenn ihre Züge von Gewalt und Plünderungen begleitet waren, ging es ihnen in erster Linie um die Gewinnung von sicherem neuen Siedlungsraum. Sie wollten bestehende Ordnungen nicht zerstören, sondern daran teilhaben.

Das Britische Empire (1169–1918)

Als die englische Königin Victoria am 24. Mai 1899 ihren 80. Geburtstag feierte, empfing sie eine illustre Gratulantenschar: Aus Indien und Malaysia waren prächtig gekleidete Gesandte angereist, aus der Karibik kamen Grußbotschaften, bunt gekleidete Stammesführer Afrikas entboten ihr Grüße, und auf der Straße spielten kanadische neben australischen Militärkapellen. Delegationen des Britischen Empire waren gekommen, um dieser außergewöhnlichen Königin zu gratulieren, die ebenso liebe- wie respektvoll »Großmutter Europas« genannt wurde. Während ihrer Regentschaft erreichte das britische Weltreich seine größte Ausdehnung: Rund ein Viertel aller Menschen war dem Empire angeschlossen, das Gebiet, über das England herrschte, umfasste zwei Fünftel der von Land bedeckten Erdoberfläche.

Die Geschichte des Britischen Empire begann mit der Eroberung Irlands (1169) und Wales (1282), Schottland kam 1296 hinzu. 1707 folgte die formelle Vereinigung Englands mit Schottland, woraus das Vereinigte Königreich Großbritannien entstand. Die Normandie, wo es englische Besitzungen seit dem 11. Jahrhundert gab, ging zwar 1204 wieder verloren, eine geschickte Heiratspolitik sicherte aber den englischen Einfluss auf dem europäischen Kontinent. König Heinrich VII. begann 1485 mit dem Auf- und Ausbau einer englischen Handelsmarine und schuf damit die Grundlage für weltweit agierende Handelsgesellschaften, die eine wichtige

Das Britische Empire

Rolle in der englischen Kolonialpolitik einnehmen sollten. Die englische Krone unterstützte Entdeckungsreisen nach Nordamerika und in die Karibik und kam auf diese Weise Ende des 15. Jahrhunderts zur Gründung der ersten überseeischen Kolonie auf Neufundland.

Sehr wichtig, geradezu eine Legende, war der Sieg der Royal Navy gegen die als übermächtig geltende spanische Armada 1588 durch Sir Francis Drake, wodurch England zu einer bedeutenden Seemacht wurde. 1607 begann die britische Kolonialisierung Nordamerikas, als in Jamestown in Virginia die erste amerikanische Kolonie gegründet wurde. Die Anfang des 17. Jahrhunderts aus England geflüchteten »Pilgrim Fathers« gründeten die »Neu-England«-Staaten im Norden Amerikas, wo zwei Jahrzehnte später schon mehr als 25 000 Menschen lebten.

Queen Victoria und ihre Tochter Prinzessin Beatrice, um 1885.

Einer von ihnen war Lord Baltimore. Ausgestattet mit einer königlichen Lizenz zum Aufbau einer Kolonie gründete er den nach der heiligen Jungfrau Maria benannten Staat »Maryland«. Mit der Hauptstadt Baltimore setzte er sich selbst ein Denkmal. Entlang der Ostküste Nordamerikas entstanden in den folgenden Jahren immer neue Kolonien, in der Karibik kamen die Inselstaaten Jamaika, Barbados und die Bahamas hinzu. Die Kolonien erlitten alle das gleiche Schicksal: Ihre Rohstoffe wurden geplündert und zu extrem niedrigen Preisen nach England exportiert, wo sie der heimischen Industrie einen Wettbewerbsvorteil gegenüber ihren europäischen Konkurrenten verschafften.

Mit Beginn des 18. Jahrhunderts musste sich Großbritannien zunehmend mit europäischer Konkurrenz im Kampf um neue Kolonien auseinander setzen. Im siebenjährigen Krieg gegen Frankreich (1756 bis 1763), auch als »French and Indian War« bezeichnet, kämpften Briten gegen Franzosen gemeinsam mit jeweils verbündeten Indianern um die Vorherrschaft auf dem nordamerikanischen Kontinent. Die britischen Heere eroberten zwar wesentliche Teile der französischen Besitzungen, mussten sie aber nach der amerikanischen Unabhängigkeitserklärung vom 4. Juli 1776 wieder abgeben. Dennoch war Großbritannien zur Weltmacht aufgestiegen, dessen Interessen sich nun auf die Gründung von Kolonien in Asien, Ozeanien und Afrika verlagerten.

In der zweiten Hälfte des 18. Jahrhunderts begannen britische Truppen zunächst Bengalen und schließlich den gesamten indischen Subkontinent zu erobern. Nach der Niederschlagung einer Rebellion wurde ein Jahrhundert später Queen Victoria 1876 zur Kaiserin von Indien gekrönt, wenige Jahre danach folgte die Eroberung Ceylons, Burmas und Malaysias und des zu China gehörenden Hongkong. Bei der Eroberung Afrikas, die in der zweiten Hälfte des 19. Jahrhunderts begann, beteiligte sich Großbritannien an der hemmungslosen Ausbeutung des schwarzen Kontinents, der sich von den daraus ergebenden Folgen bis heute nicht erholt hat. Sudan, Kenia, Nigeria, Gambia und Rhodesien wurden in das Bri-

> **Entkolonialisierung**
>
> Indien (1947), Palästina (1947), Malaysia (1957), Ghana (1957), Zypern (1960), Nigeria (1960), Sierra Leone (1961), Tansania (1961), Uganda (1962), Jamaika (1962), Trinidad und Tobago (1962), Kenia (1963), Sansibar (1963), Gambia (1965), Botswana (1966), Lesotho (1966), Barbados (1966), Swasiland (1968), Hongkong (1999).

tische Empire zwangsweise eingegliedert. Der aggressive Kampf wurde begleitet von Ideologien, die eine angebliche rassische Überlegenheit der weißen Europäer deklarierten und wenig Gutes für die Zukunft ahnen ließen.

Die beiden Weltkriege des 20. Jahrhunderts leiteten das Ende des Britischen Empire ein, obwohl Großbritannien im Auftrag des Völkerbunds 1919 in Palästina und im Irak ein Verwaltungsmandat übernahm. Aber hohe Kriegskosten und wirtschaftliche Schwierigkeiten standen nach dem Ersten Weltkrieg der teuren Verwaltung der Kolonien gegenüber. 1931 wurden die »Dominions« in die Unabhängigkeit entlassen, 1937 löste sich Irland von Großbritannien und auch in anderen Kolonien entstanden nationale Bewegungen, die die Unabhängigkeit von England forderten.

Nach dem Zweiten Weltkrieg musste die einstige Großmacht die Vereinigten Staaten von Amerika als Supermacht neben der Sowjetunion anerkennen und gleichzeitig in Afrika, Asien, im Pazifik und in der Karibik ihre Kolonien aufgeben. Damit endete die Geschichte des Britischen Empire, das England ebenso großen wirtschaftlichen Nutzen wie blutige Kriege eingebracht hat.

Das Osmanische Reich (1259–1923)

Seinen Namen verdankte das Osmanische Reich dem türkischen Sultan Osman I. Er lebte zwischen 1259 und 1326 und führte den Stammesverband der Seldschuken, die vor den Mongolen aus Mittelasien in den östlichen Teil Anatoliens hatten fliehen müssen. Osman I. war ein »Glaubenskrieger«, der den Islam – wenn nötig – mit Waffengewalt verbreitete.

Bis zu seinem Tod 1326 hatte er weite Teile Kleinasiens unter seine Herrschaft gebracht und den Islam in diesen Gegenden zur wichtigsten Religion gemacht. Aus dem ehemals etwa 1500 Quadratkilometer großen Stammesgebiet war ein Reich mit 18 000 Quadratkilometern Land geworden.

Sein Sohn Orhan I. eroberte den Rest Kleinasiens. Bis 1359 hatte sich das Osmanische Reich bis zum Ägäischen Meer vorgeschoben. Die erste Hauptstadt war Bursa etwa 90 Kilometer südlich des heutigen Istanbul. Durch geschickte Heiratspolitik stabilisierte Orhan I. das Verhältnis zum byzantinischen Kaiser Johannes VI., der sich bei den Versuchen, den alten Glanz seines Reichs wiederherzustellen, auf den türkischen Sultan verlassen konnte – schließlich hatte Orhan I. seine Tochter geheiratet. Orhan I. hinterließ seinem Sohn Süleyman einen geordneten Staat mit einer funktionierenden Militär- und Justizverwaltung.

Zwischen 1361 und 1402 eroberten die osmanischen Sultane Serbien, Mazedonien und Bulgarien. Die Belagerung Konstantinopels scheiterte 1395 zwar, der byzantinische Kaiser musste aber die Oberhoheit der Osmanen anerkennen. Nach dem Tod Sultan Bajasid I., 1402, durchlebte das Osmanische Reich eine mehr als 20-jährige Phase, in der es weder einen unangefochtenen Sultan noch weitere Eroberungen gab. Erst Sultan Murad II. gelang es, die alte Macht des Reiches wiederherzustellen, verloren gegangene Gebiete zurückzuerobern und Teile Griechenlands, Serbiens und Albaniens in das Osmanische Reich einzugliedern.

Kemal Atatürk, 1922.

Sein Sohn Mehmed II. komplettierte das Osmanische Reich mit der Eroberung Konstantinopels. Im Mai 1453 wurde die alte Stadt gestürmt und eingenommen. Die Überlebenden wurden gefangen genommen und versklavt. Die siegreichen Soldaten des osmanischen Heeres plünderten die Stadt, aber zerstörten sie nicht, die unter Kaiser Justinian im 5. Jahrhundert erbaute Hagia Sophia wurde, wie viele andere ehemals christlichen Kirchen, in eine Moschee verwandelt. Mehmed II. bekam nach der Eroberung Konstantinopels den Beinamen der »Eroberer« und machte die Stadt zur Hauptstadt des Osmanischen Reichs.

Während des 16. und 17. Jahrhunderts ging in Europa die Angst vor den »anstürmenden Türken« um. Osmanische Truppen hatten Teile Ungarns und Siebenbürgens unterworfen und die österreichischen Grenzländer verwüstet. Das Osmanische Reich erstreckte sich nun rund um das Schwarze Meer über Anatolien und Abchasien bis nach Kairo, Griechenland und den Balkan. Das Gebiet bis zur Grenze Kroatiens gehörte ebenso dazu wie Slawonien, Siebenbürgen und die Krim.

Der politische Einfluss reichte sehr viel weiter entlang der Mittelmeerküste bis nach Tripolis und Algier, aber der Griff nach Europa scheiterte. Zweimal standen osmanische Truppen vor den Toren Wiens und lösten bei den Bewohnern Europas Angst und Schrecken aus. 1529 stoppte das Wetter ihre Invasion. 1683 beim zweiten Versuch Wien zu erobern, stellte sich ihnen eine europäische Streitmacht entgegen, der sie nicht gewachsen waren.

Das Osmanische Reich hatte bis zum Ersten Weltkrieg Bestand, wurde aber am Beginn des Jahrhunderts von einer inneren Krise erfasst: Viele Tausend Armenier lebten mittlerweile in Konstantinopel und hatten eine eigene Infrastruktur gebildet. Der Konflikt zwischen ihnen und den Osmanen eskalierte während des Ersten Weltkriegs derart, dass 1915 Tausende Armenier aus der Armee entlassen, deportiert und umgebracht wurden. Nach heutigen Schätzungen fielen dem anschließenden Völkermord an den Armeniern rund 800 000 Menschen zum Opfer.

Nach dem Ende des Ersten Weltkriegs wurde die osmanische Armee – und damit faktisch auch der osmanische Staat – durch die Siegermächte aufgelöst. In den ländlichen Regionen regte sich dagegen heftiger Widerstand, dem sich der aus der Armee ausgetretene General Kemal Atatürk anschloss. Als im Mai 1919 griechische und italienische Armeen auf ehemals osmanisches Gebiet einmarschierten, organisierte er den nationalen Widerstand. 1922 wurde Kemal Atatürk zum Oberbefehlshaber im griechisch-türkischen Krieg ernannt.

Dieser Krieg endete am 11. Oktober 1922 mit einem Waffenstillstand, drei Wochen später wurde das Sultanat abgeschafft, und der letzte Sultan des Osmanischen Reichs musste auf einem britischen Kriegsschiff das Land fluchtartig verlassen. 1923 wurde Ankara zur Hauptstadt der neuen türkischen Republik proklamiert.

Das türkische Parlament wählte am 29. Oktober 1923 Kemal Atatürk zum Präsidenten. Damit war 664 Jahre nach seiner Entstehung das Osmanische Reich untergegangen.

Renaissance: Der Mensch ist das Maß aller Dinge (14./15. Jahrhundert)

Renaissance bedeutet »Wiedergeburt« und meint in diesem Zusammenhang die Wiederentdeckung der Ideale der griechischen Antike. Diese Wiederentdeckung schlug sich in allen Gebieten der Wissenschaften und der Kunst nieder: Der italienische Dichter und Philosoph Francesco Petrarca machte den Anfang, als er am 26. April 1336 mit seinem Bruder den Berg Mont Ventoux bestieg – nicht etwa um zu arbeiten, sondern »einfach so«. Oben angekommen war er »dem Himmel nah« und konnte weit bis zum Horizont blicken. Beeindruckt von der Schönheit der italienischen Bergwelt begann er über das Verhältnis des Menschen zur Natur nachzudenken.

Diese »touristische« Bergbesteigung Francesco Petrarcas gilt als Ausgangspunkt der Renaissance, aber die »Perestroika des Mittelalters« erfuhr ihre Blütezeit erst viele Jahre nach seinem Tod.

Das schöpferische Zentrum der Renaissance war Florenz. Mit 100 000 Einwohnern war diese norditalienische Stadt eine der bedeutendsten Metropolen des Mittelalters. Sie wurde beherrscht von der Familie der Medici, die über viele Jahre nicht nur die Politik bestimmte, sondern durch die Förderung der schönen Künste Florenz auch zum Zentrum der spätmittelalterlichen Kunst machte.

Besonders Lorenzo di Medici tat sich als Förderer von Malern, Bildhauern und Philosophen hervor. In der 1459 von den Medicis gegründeten »Platonischen Akademie« wurden die Texte des griechischen Philosophen Platon studiert. Dieser hatte eine Staats-

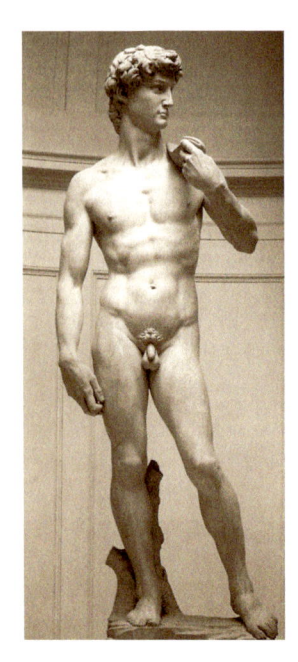

Sinnbild des Menschenbildes der Renaissance: Michelangelos ›David‹, 1504.

theorie entworfen, in der unabhängig von ihrer Herkunft nur die Besten herrschen sollten. Am Ende eines langen Erziehungsprozesses sollte ein strenges Auswahlverfahren stehen. Wer aus diesem Verfahren als Bester hervorging, sollte als »Philosophenkönig« mit der Regierung betraut werden. Platon rückte damit den Mensch und seine Fähigkeiten in den Mittelpunkt. Dieser philosophischen Idee folgten viele Künstler und stellten in ihren Werken ebenfalls den Mensch in den Mittelpunkt.

Stundenlang saßen sie vor Steinblöcken und Papier und versuchten, den Menschen so abzubilden, wie er wirklich aussah. Bis dahin waren die Abbildungen der Menschen immer mystisch verklärt worden, sie waren Teil von Madonnenbildern oder unwichtige Bestandteile monströser Kathedralbilder. Aber die Skulpturen und Bilder Giottos, Ghibertis, Donatellos, Michelangelos, Dürers,

Renaissance: Der Mensch ist das Maß aller Dinge

> **Bedeutende Humanisten**
>
> - Giovanni Boccaccio, geboren 1313 in Florenz, verstorben am 21. Dezember 1375 in Florenz. Dichter und Humanist. Autor des ›Decamerone‹.
> - Erasmus von Rotterdam, geboren am 27. Oktober 1469 in Rotterdam, verstorben am 12. Juli 1536 in Basel. Humanist.
> - Philipp Melanchthon, geboren am 16. Februar 1497 in Bretten, verstorben am 19. April 1560 in Wittenberg. Philosoph, Humanist, Theologe, Dichter und treibende Kraft der Reformation.
> - Thomas Morus, geboren am 7. Februar 1478 in London, verstorben am 6. Juli 1535 in London. Staatsmann und Schriftsteller.

Raffaels, Tizians oder Leonardo da Vincis zeigten realistische Darstellungen von Menschen und Tieren, von der Natur und den Bauwerken, sie erzählten Geschichten, die jeder nachvollziehen konnte, und sie gaben genau das wieder, was das menschliche Auge sehen konnte. Die Künstler überzeugten die Menschen durch die Art ihrer Darstellung davon, dass sie alle Kinder Gottes waren. Die Verfolgung von andersgläubigen Menschen hatte in diesem Weltbild ebenso wenig Platz wie die religiös »begründeten« Repressionen, die ihnen das Leben auf Erden so schwer gemacht hatten.

Die Renaissance strahlte auch auf andere Gebiete ab: Um die Menschen aus den mittelalterlichen Zuständen zu führen, schrieb der italienische Politiker und Philosoph Niccolo Machiavelli, müsse die Macht des Staates gestärkt werden. Jede Umklammerung durch die Kirche müsse verhindert und die Leitung der Staatsgeschäfte einem »genialen Führer« übertragen werden. Dieser Herrscher solle – wenn es nicht zu vermeiden sei – auch Gewalt anwenden, um das Gemeinwesen zu bewahren. Aber nicht nur in der Politik, sondern vor allem auch auf wissenschaftlichem Gebiet machte sich ein kritischer Forschergeist breit, der den bedingungslosen Glauben an die Autorität der römischen Kirche bestritt und durch wissenschaftliche Ergebnisse widerlegte.

> **Bedeutende Künstler der Renaissance**
>
> - Dante Alighieri, geboren am 1265 in Florenz, verstorben am 14. September 1321 in Ravenna. Dichter und Philosoph.
> - Francesco Petrarca, geboren am 20. Juli 1304 in Arezzo, verstorben am 18. Juli 1374 in Arquá. Dichter.
> - Lorenzo Ghiberti, geboren 1387 in Pelago, verstorben am 1. Dezember 1455 in Florenz. Bildhauer.
> - Donatello, geboren 1386 in Florenz, verstorben 1466 in Florenz. Bildhauer.
> - Leonardo da Vinci, geboren am 15. April 1452 in Anchiano, verstorben am 2. Mai 1519 in Amboise. Maler, Bildhauer und Ingenieur, schuf die ›Mona Lisa‹.
> - Albrecht Dürer, geboren am 21. Mai 1471 in Nürnberg, verstorben am 6. April 1528 in Nürnberg. Maler und Kunsttheoretiker.
> - Michelangelo, geboren am 6. März 1475 in Caprese, verstorben am 18. Februar 1564 in Rom. Maler, Bildhauer und Architekt.
> - Raffael, geboren am 6. April 1483 in Urbino, verstorben am 6. April 1520 in Rom. Maler und Baumeister.
> - Tizian, geboren 1477 in Pieve de Cadore, verstorben am 27. August 1576 in Venedig. Maler.

Der gesellschaftliche Wandel, den die Renaissance eingeleitet hat, wäre nicht ohne den Humanismus möglich gewesen. Wie die Künstler und Philosophen der Renaissance in den griechischen Philosophen ihre Vorbilder sahen, griffen auch die Denker des Humanismus auf antike Quellen zurück. Griechische Philosophen, Dichter und Gelehrte wurden übersetzt und öffentlich gemacht. In Anlehnung an die alten Griechen wollten die Humanisten einen allseitig gebildeten Menschen erziehen, der frei von kirchlichen Dogmen seine Persönlichkeit ungehindert entfalten konnte. Dabei kam ihnen die Erfindung des Buchdrucks zugute, ohne die ihr Wirken vermutlich weit weniger erfolgreich gewesen wäre. Johannes Gutenberg war es Mitte des 15. Jahrhunderts gelungen, mithilfe seiner neu entwickelten Drucktechnik mit beweglichen Lettern erstmals Schriften zu verlegen, die Dichter und Denker in ganz Europa beeinflussten. Nun gab es ein Gegengewicht zu den Predigten in den Kathedralen, von wo bisher die richtigen Verhaltensweisen vorgegeben worden waren, und so konnten die Vorstellungen und Gedanken des Humanismus und der Renaissance überall verbreitet werden.

In Deutschland war der Reformator Martin Luther ein Kind des Humanismus. Seine Reformation war ein christlicher Gegenentwurf zur heiligen römischen Kirche, in dem der einzelne Christenmensch im Mittelpunkt stand und nicht die hierarchische Struktur der Kirche.

Aufklärung: Wissen ersetzt Glauben (18. Jahrhundert)

In den Salons und Debattierstuben der französischen Hauptstadt Paris ging es am Anfang des 18. Jahrhunderts hoch her. Erregte Debatten drehten sich um eine bessere Zukunft. Frei von der Bevormundung durch die herrschende Clique der Adeligen sollte sie sein – frei vor allem von den Regeln der Kirche, die die Qualen auf Erden mit dem Hinweis auf das Paradies entschuldigte, in dem angeblich alle Menschen reich entlohnt werden.

Die meisten Debattenredner waren Träumer und begabte Intellektuelle, die die Zukunft der Menschheit nach den Grundsätzen der Wissenschaft und der Vernunft organisieren wollten. Freiheit und Selbstverantwortung, Gerechtigkeit und Gleichheit der Menschen sollten die Maxime der neuen Gesellschaft sein. Das war im absolutistischen Staat der französischen Sonnenkönige ein Frontalangriff auf die herrschende Ordnung, in der auf der einen Seite die Arbeiter und Bauern Steuern zahlten und zu Kriegsdiensten herangezogen wurden, während auf der anderen Seite Adelige und Günstlinge sich am königlichen Hofe ein schönes und ausschweifendes Leben machten.

Der wichtigste Grundsatz der Aufklärung war die Überzeugung, dass Vernunft die Wahrheit ans Licht bringen könnte. Deshalb war das Symbol der Aufklärung das Licht – zum Beispiel in Form einer aufgehenden Sonne, deren Strahlen Licht in das Dunkel der Unwissenheit und Unterdrückung der Menschen bringen sollte. Quelle der Vernunft waren die Wissenschaftler, die in den zurückliegenden Jahren Entdeckungen gemacht hatten, die auf exakten Messungen und nachprüfbaren Beobachtungen beruhten und deshalb von jedem beurteilt werden konnten.

Physiker und Astronomen hatten den Zusammenhang zwischen Sonne, Mond, Sternen und der Erde herausgefunden, ande-

Immanuel Kant, Porträt um 1790.

Aufklärung: Wissen ersetzt Glauben

> Immanuel Kant: »Aufklärung ist der Ausgang des Menschen aus seiner selbst verschuldeten Unmündigkeit. Unmündigkeit ist das Unvermögen, sich seines Verstandes ohne Leitung eines anderen zu bedienen. Selbst verschuldet ist diese Unmündigkeit, wenn die Ursache derselben nicht am Mangel des Verstandes, sondern der Entschließung und des Mutes liegt, sich seiner ohne Leitung eines anderen zu bedienen.«

re konnten die Kraft des Wassers nutzen, und Seefahrer hatten in waghalsigen Unternehmungen fremde Kontinente entdeckt. Damit war klar: Das Leben auf der Erde wird nicht durch göttliche Fügung gesteuert, sondern folgt naturwissenschaftlichen Gesetzmäßigkeiten, denen sich niemand entziehen konnte. Deshalb müsse der Mensch nicht glauben, dass etwas ist wie es ist, sondern er könne nachprüfen, ob es wirklich so sein muss wie es ist.

Diese Erkenntnis stand im radikalen Widerspruch zur katholischen Kirche, die bis dahin für sich beansprucht hatte, das Leben auf Erden im Sinne des göttlichen Schöpfers im Himmel reglementieren zu können. Die Aufklärer setzten dem Glauben das Wissen entgegen und starteten nach der Renaissance und der Reformation den dritten Angriff auf das Erklärungsmonopol der katholischen Kirche. »Aufgeklärte Menschen« sollten in Zukunft keine religiösen Deutungen der Zustände auf Erden ertragen, sondern Meinungsfreiheit, Menschenrechte und politische Teilhabe fordern.

Der menschliche Verstand war das Maß aller Dinge. Deshalb sollten die Menschen aufhören, auf das Jenseits zu hoffen und ihre guten Tugenden aus der Einsicht in die Richtigkeit ihres Handelns entfalten. Gleichzeitig sollten sie über die soziale Unterdrückung und die Ungerechtigkeiten ihrer Zeit »aufgeklärt« werden. Würde man ihnen dann das richtige Ziel vor Augen halten – nämlich die freie Gesellschaft der gleichberechtigten Bürger –, würden sie sich freiwillig einem »Gesellschaftsvertrag« unterwerfen, der den mit gleichen Rechten und Pflichten ausgestatteten Bürger zum Mittelpunkt macht.

Bedeutende Vertreter der Aufklärung

- John Locke, geboren am 29. August 1632 in Wrington, verstorben am 28. Oktober 1704 in Oates. Vertreter des »Empirismus« und Vater der modernen Erkenntniskritik.
- Denis Diderot, geboren am 5. Oktober 1713 in Langres, verstorben am 31. Juli 1784 in Paris. Schriftsteller. Herausgeber der ›Enzyklopädie des Wissens‹.
- Johann Gottfried Herder, geboren am 25. August 1744, verstorben am 18. Dezember 1803 in Weimar. Philosoph und Theologe.
- Immanuel Kant, geboren am 22. April 1724 in Königsberg, verstorben am 12. Februar 1804 in Königsberg. Philosoph.
- Gotthold Ephraim Lessing, geboren am 22. Januar 1729 in Kamenz, verstorben am 15. Februar 1781 in Braunschweig. Dichter.
- Montesquieu, geboren am 18. Januar 1689 in Bordeaux, verstorben am 10. Februar 1755 in Paris. Schriftsteller und Staatstheoretiker.
- Jean Jacques Rousseau, geboren am 28. Juni 1712 in Genf, verstorben am 2. Juli 1788 in Paris. Schriftsteller, Komponist und Gesellschaftstheoretiker.
- Voltaire, geboren am 21. November 1694 in Paris, verstorben am 30. Mai 1788 in Paris. Schriftsteller und Vertreter der »Deismus«.
- Jean d'Alembert, geboren am 16. November 1717 in Paris, verstorben am 29. Oktober 1783 in Paris. Mathematiker und Physiker, Herausgeber der ›Enzyklopädie des Wissens‹.
- David Hume, geboren am 7. Mai 1711 in Edinburgh, verstorben am 25. August 1776 in Edinburgh. Philosoph, Historiker und Ökonom.
- Adam Smith, geboren 1723, verstorben am 17. Juli 1790 in Edinburgh. Moralphilosoph, Ökonom und Gründer der klassischen Volkswirtschaftslehre.
- Friedrich Schiller, geboren am 10. November 1759 in Marbach, verstorben am 9. Mai 1805 in Weimar. Dichter und Dramatiker.

Die Aufklärung revolutionierte nicht nur die Politik, wie sich in der amerikanischen Unabhängigkeitserklärung oder in der Französischen Revolution zeigte, sondern auch Kunst und Kultur. Erstmals wurde die Presse als Massenmedium genutzt, um die Gedanken der Aufklärung unters Volk zu bringen und den Menschen die

Angst vor den Veränderungen zu nehmen. Bücher, Zeitungen und Theaterstücke waren bestens geeignet, um »Aufklärung über die Aufklärung« zu betreiben. Da in Frankreich eine strenge Pressezensur herrschte, hatten einige französische Druckereien ihre Betriebsstätten nach Amsterdam verlagert, von wo die Druckwerke der Aufklärung nach Frankreich geschmuggelt wurden.

Die Gedanken der Aufklärung verbreiteten sich rasch auch in Deutschland, wo Immanuel Kant, Johann Gottlieb Fichte, Gottfried Wilhelm Leibniz oder Georg Wilhelm Friedrich Hegel und später auch Karl Marx die Werke der französischen Aufklärer verschlangen. Gotthold Ephraim Lessing wurde zu einem der bedeutendsten Dichter der Aufklärung. ›Nathan der Weise‹ setzt sich in einer berühmt gewordenen »Ringparabel« mit der Frage auseinander, welche der Religionen die beste sei. Es hat einige Jahre gedauert, bis sich die Gedanken der Aufklärung durchgesetzt haben. Ihren deutlichsten Niederschlag fanden sie in der Französischen Revolution, die ab 1789 mit dem Ruf »Freiheit, Gleichheit, Brüderlichkeit« erst Frankreich und dann Europa erschütterte.

Wichtige Schauplätze der Weltgeschichte

Jerusalem – die »heilige Stadt«

Die Existenz Jerusalems ist in ägyptischen Quellen seit dem 18. Jahrhundert v. Chr. belegt. Damals hieß die Stadt in Kanaan »Uraschalim«, was »Stadt des Friedens« bedeutete, aber von Frieden war in Jerusalem lange Zeit nicht viel zu spüren.

Die Bibel berichtet, dass König David von Israel 997 v. Chr. die Stadt erobert hat. Sein Sohn König Salomon erbaute auf einem Berg in der Stadt einen Tempel für Jahwe, den Gott der Juden und später auch der Christen. Gleichzeitig machte er Jerusalem zum religiösen und politischen Mittelpunkt des Israelitenreichs.

Danach wurde Jerusalem Hauptstadt des israelitischen Südreichs Juda. Der Tempel und andere Kultstätten in Jerusalem erlebten im Laufe der kommenden Jahrhunderte eine turbulente Geschichte. Oft kam es zum Krieg um die heiligen Stätten, die von Juden und Christen ebenso beansprucht wurden wie später von den Moslems.

Im 4. Jahrhundert n. Chr. erklärte Kaiser Konstantin Jerusalem zu einer christlichen Stadt. Diese Anerkennung war nicht nur durch Konstantins religiöse Toleranz, sondern vor allem dadurch begründet, dass Jerusalem der zentrale Ort im Leben des Religionsstifters Jesus von Nazareth gewesen war. Jesus hatte seinen Wirkungskreis zunächst in der Nähe des Sees Genezareth, wo er als Wanderprediger unterwegs war. Vermutlich ist er während einer Pilgerreise zum ersten Mal in Jerusalem gewesen.

Blick vom Ölberg auf Jerusalem.

Dann lebte er ein Jahr in der »heiligen Stadt«, bevor er seinen Leidensweg (»Via Dolorosa«) in Jerusalem zu durchstehen hatte. Mit einem Holzkreuz auf dem Rücken musste er zum Hinrichtungsplatz laufen, wo er von römischen Legionären ausgepeitscht und verhöhnt wurde. Auf dem Hügel Golgatha, vor den Toren der Stadt, erlag er schließlich der damals grausamsten Hinrichtungsmethode der römischen Besatzer: der Kreuzigung. Seither ist Jerusalem das spirituelle Zentrum des Juden- und des Christentums und seither ist es eine umkämpfte Stadt.

Jerusalem lag in arabischem Siedlungsgebiet, in dem vornehmlich Muslime wohnten. Dieser Umstand sorgte im christlichen Abendland für helle Aufregung, weil fromme Pilger bei ihrer Rückkehr nach Europa grausame Geschichten über die »Heiden« erzählten, die die heiligen Stätten der Christen angeblich plünderten und brandschatzten. Diese Berichte führten zu religiösem Fanatismus, der schließlich 1097 in den ersten Kreuzzug mündete.

Papst Urban II. hatte zwei Jahre zuvor einen Hilferuf von Kaiser Alexius aus Konstantinopel erhalten, der sich gegen die Übermacht der Seldschuken kaum noch zu wehren wusste und päpstliche Hilfe gegen die »heidnischen Barbaren« erflehte, zumal diese in Jerusalem argen Frevel betrieben. Daraufhin rief Urban II. zum Kreuzzug gegen die »Heiden« auf. Wenig später brach ein Heer mit 300 000 christlichen Kriegern auf und erreichte nach entbehrungsreichem Fußmarsch zwei Jahre später Jerusalem.

Im Juli 1099 begann die Schlacht um die Stadt, die innerhalb weniger Tage mit Rammböcken und Wurfmaschinen erobert wurde. Mit dem Ruf »Gott will es!« auf den Lippen enterten die christlichen Krieger Jerusalem und richteten ein unvorstellbares Blutbad an. Dieses Massaker stilisierten die Gotteskrieger zur »Reinigung« von den Ungläubigen. Nach dem Morden hielten die christlichen Eroberer eine Dankprozession ab: Die Totenstille der Stadt wurde nur von den Schritten der Sieger durch das Blut der geschändeten Leiber – Juden, Moslems und Christen – gestört.

Dieser Tag kostete 70 000 Menschen das Leben, und es war nicht das letzte Mal, dass Jerusalem von derartigen Exzessen heimgesucht wurde. Bis 1270 fanden sieben Kreuzzüge statt, die geopolitische Situation im Nahen Osten hat sich dadurch allerdings nicht verändert.

Nach den Kreuzzügen wurde Jerusalem mehrfach besetzt und in fremde Herrschaftsgebiete eingegliedert: 1187 eroberte der Sultan von Ägypten die Stadt, 1229 bis 1244 herrschte der deutsche Kaiser Friedrich II. in Jerusalem, anschließend besetzten die Mamelucken die Stadt, bis 1517 wechselten sich Tartaren, Mamelucken, Mongolen und Ayybiden in der Herrschaft über Jerusalem ab. Anschließend wurde Jerusalem Verwaltungssitz eines osmanischen Regierungsbezirks, aber an Bedeutung gewann die Stadt dadurch nicht. In Jerusalem haben über alle Jahrhunderte hinweg Juden, Christen, Moslems und Orthodoxe gelebt. Sie alle sahen in der »heiligen Stadt« die Wiege ihrer Religion und sie alle hatten rituelle Stätten in Jerusalem, an denen sie ihre Religion ausüben konnten. Jerusalem war im Inneren eine Stätte von Toleranz und gegenseitiger religiöser Achtung, trotzdem geriet die Stadt jahrhundertelang in die kriegerischen Auseinandersetzungen jener, die intolerant waren und andere Religionen nicht achteten.

Heute beanspruchen Juden und Moslems Jerusalem als Hauptstadt Israels beziehungsweise Palästinas. Seit 1948, als durch einen Beschluss der Vereinten Nationen der Staat Israel gegründet wurde, hat es vier Kriege gegeben. Dabei ging es nicht nur um die Herrschaft über Jerusalem, sondern um das Existenzrecht Israels.

Athen – Stadt der Göttin Athene

Athen gehört zu den ältesten bekannten Siedlungen der Menschheitsgeschichte. Ihren Namen verdankt die Stadt Athene, der griechischen Göttin des Krieges und der Klugheit. In der griechischen Götterwelt war sie die Tochter des Göttervaters Zeus und der Metis, der Göttin der Weisheit. Athene war eine Gestalt der griechischen Mythologie, deren Geschichte von Generation zu Generation weitererzählt wurde. Derartige Mythen enthielten Vorbilder, Ratschläge für das Leben auf Erden und Beispiele für Strafen und Belohnungen. Sie kannten keine Unterscheidung in »Gut« oder »Böse« und hatten die Funktion, den Menschen der Antike zu erklären, wie die Erde entstanden war und wie die Menschen auf diese Erde gekommen waren.

Die griechischen Sagen und Legenden vermitteln einen Einblick in die Denkweise der Menschen vor vielen Tausend Jahren. Ihr Leben war geprägt von diesen Mythologien und Götteropfern,

> 1458 wurde Athen von den Osmanen erobert und verlor immer weiter an Bedeutung. Mehrere Zerstörungen haben zwischen dem 17. und 19. Jahrhundert dazu geführt, dass die Stadt nahezu unbewohnt war. 1833 wurde sie Hauptstadt des neu gegründeten griechischen Königreichs und erlebt seither ihren Aufstieg zu einer der quirligsten Metropolen der Welt, in deren Einzugsgebiet heute mehr als drei Millionen Menschen leben.

Orakelsprüchen oder Weissagungen. In riesigen Tempelanlagen und an besonders geweihten Orten nahmen sie Kontakt zu ihren Göttern auf und leiteten daraus ihr Schicksal ab, das nicht von ihnen, sondern von den Göttern selbst bestimmt war.

Einer der ersten Tempel stand mitten in Athen – die Akropolis. 1300 v. Chr. wurde auf der Akropolis ein mykenischer Königspalast gebaut. Zu dieser Zeit bestand die Stadtanlage nur aus der oberen Fläche des steilen Felshügels, auf dem bis heute die Akropolis steht. Im Herzen Athens gelegen, war sie Residenz der Könige und Schutz- und Trutzburg, wenn die Stadt angegriffen wurde. Nach einer Erweiterung der Stadt diente sie als Sitz der Götter, an dem Opfer gebracht und rituelle Spiele durchgeführt wurden. Athen war das Zentrum des antiken griechischen Reichs und die Akropolis der Mittelpunkt der Stadt.

Um 500 v. Chr. wurde die Tyrannei abgesetzt, und es setzte eine allmähliche Demokratisierung ein, die mit dem Namen Kleisthenes verbunden war. Jener Kleisthenes brach die Macht der herrschenden Minderheit (»Oligarchie«). Indem er dem Volk (*demos*) die Macht (*kratia*) gab, legte er den Grundstein für die heute immer noch so genannte »Demokratie«. Kleisthenes führte die Volksversammlung ein, der alle männlichen Athener angehörten. Sie bestimmten per Losverfahren 500 Abgesandte, die in den »Rat der Fünfhundert« – die athenische Regierung – entsandt wurden.

Im fünften vorchristlichen Jahrhundert lagen die Griechen in einer Dauerfehde mit den Persern, in deren Verlauf eine Vielzahl von Schlachten zu bestehen war. 490 v. Chr. versuchte der persische König Dareios I. einen politischen Umsturz in Athen zu bewirken, aber sein Heer erlitt bei Marathon eine Niederlage gegen die Truppen des griechischen Feldherrn Miltiades. Nach der Schlacht wurde – der Legende nach – ein Bote nach Athen geschickt, um die Nachricht vom Sieg der Griechen zu überbringen. Die Strecke betrug etwas mehr als 42 Kilometer und ist bis heute die Entfernung eines Marathonlaufs.

Die größte Bedeutung erlangte Athen aber erst rund 100 Jahre später, als es Alexander dem Großen gelang, die Perser endgültig zu schlagen und den griechischen Einfluss über Persien hinaus bis weit in den Nahen und Mittleren Osten, in den Orient, nach Indien, Afghanistan und in den südlichen Teil Russlands auszuweiten. 86 v. Chr. war die Blütezeit Athens vorbei, als der römische Diktator Sulla die Stadt eroberte und sie ins Imperium Romanum einverleibte. Fortan war Athen zwar militärisch und geopolitisch bedeutungslos, den Ruf als intellektuelles Zentrum behielt es trotzdem.

In der griechischen Antike war Athen Heimat vieler Philosophen und Denker gewesen, die die abendländische Kultur bis heute geprägt haben. Der Philosoph und Dichter Homer stand ca. 500 v. Chr. für den Anfang der Literatur. Aus seiner Feder stammen die beiden berühmtesten altgriechischen Werke: Die ›Odyssee‹ und die ›Ilias‹, in denen über Kriege und große Ereignisse der Antike berichtet wird. Homers Texte wurden im Laufe der Jahrhunderte immer wieder abgeschrieben und sind so bis heute erhalten.

Kaum weniger bedeutend ist der etwas später lebende Sokrates, der die griechische Philosophie entscheidend geprägt hat. Zunächst kämpfte Sokrates gegen die Perser, aber seine philosophischen Gedanken brachten ihn in Gegensatz zu den damals Herrschenden. Ihm wurde Gotteslästerung und Verblendung der Jugend vorgeworfen, weil er sie in angeblich nutzlose Gespräche verwickelt habe. 400 v. Chr. wurde er zum Tode verurteilt. Von seinem Ende hat sein berühmtester Schüler berichtet: Platon.

Platon war ein Aristokrat aus Athen, der 387 v. Chr. eine Philosophenschule gründete, die später im 15. Jahrhundert Vorbild für die »Platonische Akademie« in Florenz sein sollte. Platon war strenger Verfechter der Gültigkeit von Werten und des Guten im Menschen. Das Gute sei das Ziel und der Ursprung allen Seins – lautet einer seiner philosophischen Lehrsätze, mit denen er die europäische Kultur geprägt hat wie kaum ein anderer. Auch sein Schüler Aristoteles lebte in Athen, wie viele andere bedeutende griechische Philosophen, Wissenschaftler und Dichter, deren Werke bis heute das Denken der Menschen entscheidend beeinflusst haben.

Rom – die »ewige Stadt«

Die Sage über die Gründung der Stadt Rom ist mystisch: Die Hauptrolle spielt das Bruderpaar Romulus und Remus. Sie seien Kinder des Mars und der Rhea Silva gewesen, die von ihren Eltern auf dem Tiber ausgesetzt worden seien. Bis sie ein Hirte bei sich aufgenommen haben soll, seien sie von einer Wölfin gesäugt worden. Am 21. April 753 v. Chr. – so will es die Sage – habe Romulus die Stadt »Rom« gegründet und etwas später seinen Bruder Remus umgebracht. Soweit die Legende.

Ausgrabungen haben Stadtreste aus der Zeit 1000 v. Chr. zu Tage gefördert und die Vermutung nahe gelegt, dass die Stadtgründung eine Zusammenfassung von mehreren Siedlungen war, die auf sieben Hügeln lagen. Dieser Zusammenschluss kann tatsächlich um das legendäre Datum 753 v. Chr. geschehen sein.

Am Beginn seiner Geschichte war Rom ein Königreich. Mit der Vertreibung des letzten etruskischen Königs wurde um 509 v. Chr. aus dem Königreich eine Republik, in der sich die zwar freien, aber rechtlosen Plebejer mit den adeligen Patriziern heftige Auseinandersetzungen lieferten. Ungeachtet der inneren Streitigkeiten expandierte Rom vor allem während der »Punischen Kriege«, die fast

120 Jahre (264 bis 146 v. Chr.) dauerten. In diesen Kriegen versuchte Rom, das inzwischen die gesamte italienische Halbinsel beherrschte, die Handelsmacht Karthago aus dem Mittelmeerraum zu verdrängen. In Rom fürchtete man trotz militärischer Erfolge ein Wiedererstarken Karthagos und beschloss unter der Führung von Cato, dem Älteren (»Ceterum censeo, Carthaginem esse delendam« – »Schließlich bin ich dafür, dass Karthago zerstört wird«), den Konkurrenten vollständig zu vernichten, was 146. v. Chr. auch geschah.

Das Colosseum in Rom.

Aber Rom war nicht nur eine damals bedeutende Militärmacht, sondern auch eine Stadt, in der prachtvolle Bauten und Versorgungseinrichtungen für die Bürger geschaffen worden sind, die in ihrer Zeit einmalig und vorbildlich waren. Die »Via Appia« entstand und ist auf 540 Kilometern heute noch – zum Teil auf römischem Kopfsteinpflaster – zu befahren. Angelegt war sie als Versorgungsstraße zwischen Rom und Capua, später wurde sie bis Brindisi verlängert. Die »Via Appia« war die wichtigste Handelsstraße Italiens und förderte den Warenaustausch mit dem Orient. Gleichzeitig wurden die ersten Wasserleitungen (»Aquädukte«) angelegt, von denen manche bis heute zu sehen sind und ein Zeugnis von den erstaunlichen Fähigkeiten der römischen Architekten und Konstrukteure abgeben.

Das Ende der römischen Republik kam nach einer langen Phase von Bürgerkriegen, die die Stadt zwischen 133 und 30 v. Chr. beherrschten. Beendet wurden sie von Octavian, der durch eine neue und vor allem dauerhafte Staatsform (»Prinzipat«) die Republik mit dieser römischen Variante der Monarchie ablöste. Vom römischen Senat erhielt er dafür den Titel »Augustus« (»der Erhabene«), herrschte wie ein Kaiser und wurde zum Vorbild für viele seiner Nachfolger.

Im letzten Jahrhundert vor Christus war Rom bereits eine Millionenstadt und sowohl das geografische als auch das politische Zentrum des »Imperium Romanum«. Frisch- und Abwassersysteme funktionierten ebenso wie eine der Zeit angemessene Mobilität, die durch ausgebaute Verkehrswege garantiert war. Polizei- und Feuerwehreinheiten sorgten für Schutz der Zivilbevölkerung, konnten aber im Jahr 64 n. Chr. nicht verhindern, dass Kaiser Nero die Stadt in Brand steckte. In den folgenden Jahren wurde Rom wieder aufgebaut und erweitert. Es kamen das Colosseum, die Kaiserforen und die Thermen hinzu, die davon kündeten, dass in Rom der spätantike Höhepunkt der Zivilisation eine Heimat gefunden hatte.

Der Niedergang Roms kündigte sich mit Beginn der Völkerwanderung an, als germanische Stämme im vierten nachchristlichen Jahrhundert mehrfach vor den Toren der »ewigen Stadt« erschienen und sie schließlich 455 und 472 besetzten und plünderten. Von der einstigen Millionenstadt blieben nur etwa 100 000 Bewohner übrig, die gegen die 537 in die Stadt einfallenden Ostgoten wehrlos waren. Sie mussten während der mehrjährigen Belagerungskämpfe mit ansehen, wie große Teile des Erbes der römischen Antike zerstört wurden. Die Bedeutung Roms bestand in den folgenden Jahrhunderten vor allem darin, dass sie den Vatikan beherbergte und zur europäischen Hauptstadt des Christentums wurde.

Die Päpste taten sich durch rege Bautätigkeit hervor. Besonders der während der Renaissance gebaute Petersdom verlieh Rom wieder einen Teil des alten Glanzes. 1527 hatte die Stadt noch einmal Plünderungen zu überstehen, als während des »Sacco di Roma« (»Plünderung Roms«) Söldnertruppen des deutschen Kaisers Karl V. in Rom einfielen und schlimme Verwüstungen anrichteten. Papst Clemens VII. musste in die Engelsburg, den früheren Sitz der Päpste, fliehen und überlebte das Wüten der Soldaten nur, weil diese den geheimen, unterirdischen Eingang zur Engelsburg nicht fanden.

Nach dem italienischen Befreiungskrieg wurde Rom 1871 die Hauptstadt des neuen italienischen Königreichs, aber die Bedeutung, die sie in der Vergangenheit gehabt hatte, erlangte die Stadt nicht wieder. 1929 wurde in den so genannten Lateranverträgen die Unabhängigkeit des Vatikans garantiert, die auch nach dem Ende der italienischen Monarchie 1946 nicht in Frage gestellt wurde. Heute ist Rom eine pulsierende Metropole, Regierungssitz der italienischen Regierung, lohnenswertes Ausflugsziel für Menschen aus aller Welt und Heimat von etwa 2,5 Millionen Einwohnern. In Rom treffen sich die Antike, das Mittelalter und die Moderne in einer anderswo kaum anzutreffenden Dichte und Qualität.

Byzanz – Konstantinopel – Istanbul: die »Perle« am Bosporus

685 v. Chr. war Konstantinopel unter dem Namen Byzanz gegründet worden. Seine historische Bedeutung erlangte die Stadt aber erst im dritten Jahrhundert v. Chr., als durch den römischen Kaiser Konstantin Byzanz zur kaiserlichen Metropole ausgebaut wurde. Offiziell am 11. Mai 330 v. Chr. weihte Konstantin die Stadt als das »neue Rom« ein. Kurz nach seinem Tod wurde die Stadt in Konstantinopel (»Stadt des Konstantin«) umbenannt und wie Rom auf sieben Hügeln erweitert.

Um wirklich als »neues Rom« gelten zu können, wurden die gleichen Bauten wie in Rom errichtet, eine große Verkehrsachse gebaut und anstelle des »Forum Romanum« ein »Forum Constantini« errichtet. In den folgenden Jahrhunderten wurde Konstantinopel auch zum kirchlichen Mittelpunkt. Der Patriarch führte sein Amt auf den Apostel Andreas zurück und beanspruchte eine Stellung, die der des Papstes in Rom gleichgestellt war.

Während das weströmische Reich in den ersten nachchristlichen Jahrhunderten zunehmend in die Auseinandersetzungen mit den germanischen Völkern verwickelt war, stand Konstantinopel im Brennpunkt der Konflikte mit den Hunnen, deren Zug aus der Mongolei nach Westen die Völkerwanderung ausgelöst hatte. Obwohl zumindest theoretisch die beiden Teile des alten Imperium Romanum noch zusammengehörten, entwickelten sie sich immer weiter auseinander. Inzwischen hatte das Bevölkerungswachstum zur Errichtung einer zweiten Stadtmauer geführt, was die Fläche Konstantinopels auf fast 12 Quadratkilometer erweiterte.

Das sechste Jahrhundert war durch Bevölkerungswachstum und – dadurch hervorgerufen – Versorgungsprobleme gekennzeichnet. Der Verlust der ägyptischen »Kornkammer« an die Araber wurde durch neue Häfen am Marmarameer und durch riesige Aquädukte, in deren unterirdischen Zisternen ausreichende Men-

Byzanz – Konstantinopel – Istanbul: die »Perle« am Bosporus

Mächtiges Symbol für die wechselvolle Geschichte Istanbuls: die Hagia Sophia.

gen Wasser gespeichert werden konnten, ausgeglichen. Neben dem Bau von Versorgungseinrichtungen wurden zwischen dem vierten und sechsten Jahrhundert auch zahlreiche Prunkbauten erstellt. Die Hagia Sophia wurde zur Hauptkirche des oströmischen Reichs und religiöser Mittelpunkt der orthodoxen Kirche. Sie ist noch heute ein Wahrzeichen der Stadt.

Da Konstantinopel sich stets den Angriffen muslimischer Truppen zu erwehren hatte, wurde sie militärisch ausgebaut und galt lange Zeit wegen der gestaffelten Verteidigungsanlagen als uneinnehmbar. Bis zum Beginn des 13. Jahrhunderts wurden zwar alle

> Auf Veranlassung des türkischen Staatsgründers Kemal Atatürk wurde Konstantinopel am 28. März 1930 in Istanbul umbenannt. Heute leben knapp zehn Millionen Menschen in der Weltstadt an der Grenze zwischen Europa und Asien.

Angriffe abgewehrt, aber die immer wieder gestarteten Eroberungsversuche hinterließen meist ein verwüstetes Umland. Neben der ständigen äußeren Bedrohung war das Verhältnis zum Papst in Rom und zur weströmischen Kirche von zentraler Bedeutung. Beide Kirchen hatten sich in Fragen der Liturgie und der kirchlichen Dogmen auseinander entwickelt, und sowohl der Papst in Rom als auch der Patriarch von Konstantinopel beanspruchten für sich Oberhaupt der Christenheit zu sein. Papst Leo IX. sandte im Sommer 1054 einen Kardinal zum Patriarchen Michael Kerullarios, um ihn zu bekehren. Als dies nicht gelang, warf der päpstliche Abgesandte eine Bannbulle auf den Altar der Hagia Sophia und verließ wutschnaubend die Stadt. Da eine Einigung nicht zu erzielen war, trennten sich die beiden Kirchenteile (»Kirchenschisma«) und gingen (bis heute) getrennte Wege.

Unabhängig von dieser Trennung entwickelte sich Konstantinopel an der Nahtstelle zwischen Europa und Asien zu einer blühenden Handelsmetropole mit öffentlichen Bädern und Krankenhäusern, mit einer Universität und einem Basar, auf dem nicht nur Waren aus aller Welt, sondern auch die neuesten Nachrichten ausgetauscht wurden. Der Niedergang der Stadt kündigte sich mit den Kreuzzügen an, die seit dem Ende des 11. Jahrhunderts gegen die »Heiden« im »heiligen Land« geführt wurden. Venezianischen Truppen gelang es 1204 die Stadt zu stürmen und zu plündern. Tagelang wüteten sie in Konstantinopel, zerstörten zahlreiche Bauten und stahlen heilige Reliquien. Von dieser Attacke hat sich die Stadt nicht wieder erholt.

Im Zuge des Vormarsches der Truppen des Osmanischen Reichs wurde Konstantinopel 1453 endgültig eingenommen. Die zahlenmäßig unterlegenen Verteidiger der Stadt konnten den Angreifern zwar zwei Monate unter hohen Verlusten standhalten, mussten sich aber doch der Übermacht der osmanischen Truppen beugen. Kurz danach begann ein Exodus aus der Stadt, Intellektuelle flohen nach Westeuropa, wobei sie viele der in Konstantinopel gelagerten antiken Schriftstücke mitnahmen und in Europa dank der gerade erfundenen Kunst des Buchdrucks veröffentlichen. Ihre Werke beeinflussten maßgeblich die europäische Renaissance.

Konstantinopel aber veränderte unter den neuen Herrschern sein Gesicht. In der zur Hauptstadt des Osmanischen Reichs gemachten Stadt wurden Kirchen zu Moscheen umgestaltet und eine neue Verwaltung aufgebaut. Dennoch blieb Konstantinopel auch unter den neuen Herrschern eine »multikulturelle« Stadt und eine Metropole der mittelalterlichen Welt.

Unter dem Sultan »Süleyman dem Prächtigen« wurde Konstantinopel, als Hauptstadt eines riesigen Reichs zwischen Ungarn, Bagdad und Nordafrika, zur bedeutendsten Stadt der Welt. In dieser Zeit entstand eine Vielzahl von prachtvollen Bauwerken, die die Stadt heute noch zieren. Aber es waren auch schon Ansätze des Niedergangs zu erkennen: Fehlende Reformen im Inneren, korrupte Staatsbeamte und eine hartnäckige Abschottung gegen die Moderne im gesamten Osmanischen Reich führten dazu, dass aus der blühenden Metropole der »kranke Mann am Bosporus« wurde, womit nicht nur die Stadt, sondern auch das restliche Reich gemeint war.

Wichtige historische Ereignisse

Der Trojanische Krieg: ein Pferd entscheidet den Kampf (12. Jahrhundert v. Chr.)

Über eines der wichtigsten Ereignisse der Antike wissen wir nur etwas durch das Werk des großen griechischen Dichters Homer. In seiner ›Ilias‹ erzählt er die Geschichte der letzten 51 Tage des Trojanischen Krieges. Unklar ist, ob er wirklich einen Krieg beschrieben hat oder ob er Ereignisse mehrerer Kriege zu einem einzigen Waffengang zusammengefasst hat. Klar hingegen ist der wirtschaftliche Hintergrund, denn Troja lag an den Dardanellen. Wer diese Meerenge zwischen dem europäischen und dem asiatischen Kontinent beherrschte, der kontrollierte auch die Handelsrouten ins Schwarze Meer.

Weil sie nach jahrelangen Kämpfen glaubten, die Belagerung ihrer Stadt durch ein riesiges griechisches Heer sei vorbei, veranstalteten die Bürger Trojas ein gewaltiges Gelage. Die Griechen hatten ihre Stadt mehr als 10 Jahre belagert und waren – völlig überraschend – abgezogen. Die jahrelangen Entbehrungen, die vielen Toten und das Bangen um den Erhalt der Stadt waren nicht umsonst gewesen – mehr noch:

Die Griechen hatten ein Geschenk hinterlassen, bevor sie mit ihren Schiffen gen Heimat gesegelt waren. Es war ein riesiges hölzernes Pferd, das sie am Strand zurückgelassen hatten. Die Bewohner Trojas hatten einen Teil ihrer imposanten Befestigungsanlagen geöffnet und das hölzerne Monstrum in ihre Stadt gezogen. Nun stand es mitten in Troja und wurde als Symbol des Sieges über die verhassten Griechen gefeiert.

Der Trojanische Krieg: ein Pferd entscheidet den Kampf

In der griechischen Mythologie die Teilnehmer des Trojanischen Krieges auf griechischer Seite

- Achilles, Sohn des Peleus und der Thetis, wurde von Paris getötet.
- Agamemnon, König von Mykene, Sohn des Atreus und der Aerope, Vater von Iphigenie, Bruder von Menelaos und Oberbefehlshaber des griechischen Heeres. Er wird von seiner Frau und deren Liebhaber nach dem Krieg ermordet.
- Menelaos, König von Sparta, Bruder Agamemnons und Ehemann Helenas.
- Odysseus, König der Insel Ithaka, Sohn des Laertes und des Antikleia, verheiratet mit der spartanischen Königstochter Penelope. Erfinder des »Trojanischen Pferdes«. Nach dem Krieg begab er sich auf eine zehnjährige »Heimreise«, bei der er viele Abenteuer zu bestehen hatte – beschrieben in der ›Odyssee‹ von Homer.

In der griechischen Mythologie die Teilnehmer des Trojanischen Krieges auf trojanischer Seite

- Aeneas, Sohn der Göttin Aphrodite und des Anchises. Konnte das brennende Troja lebend verlassen.
- Hektor, ältester von insgesamt 50 Söhnen des trojanischen Königs Priamos und der Hekabe, Held Trojas und »Säule des Vaterlandes«, starb im Zweikampf gegen Achilles.
- Kassandra, Tochter des trojanischen Königs Priamos und der Hekabe, hatte die Gabe in die Zukunft blicken zu können, sagte die griechische Hinterlist des Trojanischen Pferdes voraus, aber niemand schenkte ihr Glauben. Sie wurde ermordet.
- Paris, Sohn des trojanischen Königs Priamos und der Hekabe, wird von einem griechischen Bogenschützen tödlich getroffen.
- Priamos, König von Troja, verheiratet mit Hekabe, nach ihm wird der Schatz benannt, den Heinrich Schliemann 1872 in den Ruinen von Troja gefunden hat.

Nachdem der Wein in Strömen geflossen war und die meisten trojanischen Krieger sich vom Alkohol umnebelt im Tiefschlaf befanden, geschah das Unfassbare: Im Schutz der Dunkelheit kletter-

Das Trojanische Pferd, Darstellung auf einem korinthischen Salbgefäß, 5. Jh. v. Chr.

ten griechische Kämpfer aus dem Bauch des Pferdes. Auf Rat des Odysseus hatten sie das angebliche Geschenk gebaut und zur listigen Tarnung benutzt.

Kaum waren die Griechen aus dem Inneren des Pferdes gekrochen, öffneten sie die Stadttore und ließen weitere griechische Soldaten in die Stadt. Die Griechen erstürmten Troja und setzten es in kurzer Zeit in Brand. Als die betrunkenen trojanischen Krieger aufwachten, war es schon zu spät. Die Stadt brannte lichterloh und war verloren. Die Griechen wüteten in der Stadt, nur wenige Bewohner haben das Morden und Brandschatzen überlebt.

Mit der Stadt war auch der Trojanische Krieg verloren und die Griechen hatten für ein Ereignis Rache genommen, das eigentlich nur in der griechischen Mythologie stattgefunden hatte.

In einem heutigen Sinne könnte man »Mythologie« mit »Religion« ersetzen – jedenfalls etwas, an das die antiken Menschen glaubten. Die »Götter« der griechischen Mythologie waren vermenschlichte Gestalten, die durch ihr Verhalten den damaligen Zeitgenossen Halt und Erklärung ihres irdischen Daseins gaben.

Der Trojanische Krieg ist das zentrale Ereignis in dieser griechischen Mythologie, der mystische Auslöser die Entführung der schönen Helena durch Paris, dem Sohn des trojanischen Königs Priamos (vielleicht ist sie auch freiwillig dem nicht minder schönen Paris nach Troja gefolgt). Das erzürnte ihren Ehemann Menelaos, König von Sparta, derart, dass er ein großes griechisches Heer zusammenstellte und gegen Troja zu einem Rachefeldzug aufrief.

Die Schlacht bei Issos: Sieg der Strategie (333 v. Chr.)

Der Tag der Schlacht begann mit einer flammenden Ansprache des persischen Großkönigs Dareios III. Erst erinnerte er seine Soldaten an vergangene Heldentaten, dann schwor er sie auf Rache für die Niederlage am Granikos ein, die er ein Jahr zuvor gegen Alexander hatte einstecken müssen. Nach diesen kernigen Worten gab er den Angriffsbefehl und es muss – den Überlieferungen zufolge – ein markerschütternder Schrei die kleine Ebene durchzogen haben, der seine Wirkung noch durch das Echo der umliegenden Berge verstärkte.

Der Gegner der Perser war Alexander der Große, Feldherr und König der Makedonier. Ihm eilte der Ruf eines genialen Feldherren voraus, den er sich in zahlreichen Schlachten erworben hatte. Alexander hatte 35 000 Soldaten auf seiner Seite versammelt, sein Widersacher Dareios III. brachte es auf mehr als 100 000 Kämpfer – die meisten von ihnen Perser. Die anderen waren griechische Söldner, die dem über ganz Griechenland herrschenden Alexander eine möglichst vernichtende Niederlage beibringen wollten.

Für die Schlacht bei Issos, einer kleinen Stadt gegenüber von Zypern, hatte Alexander sich gegen die überlegenen Perser eine be-

Alexander der Große, Büste aus dem 1. Jh. v. Chr.

sondere Taktik einfallen lassen: Das Schlachtfeld war für die zahlenmäßig unterlegenen Makedonier von Vorteil, denn auf der einen Seite war die Ebene bei Issos von einem Gebirge und auf der anderen Seite durch das Mittelmeer begrenzt. So konnte der persische Großkönig seine fast dreimal so große Streitmacht nicht in Stellung bringen.

Alexander setzte vor allem auf seine wendigen und gut ausgebildeten Reiter, die er an den Seiten des Schlachtfeldes einsetzen wollte. In der Mitte hatte er die Phalanx platziert. Die Phalanx-Soldaten trugen relativ leichte Rüstungen und eine etwa vier Meter lange Lanze, sie kämpften in einer Schlachtordnung von acht bis zehn dicht aneinander gedrängten Reihen. Während die vorderen Reihen ihre Lanzen entweder warfen oder damit die Gegner niederstachen, benutzten die hinteren Reihen ihre Lanzen, um am Boden liegende Gegner zu töten.

Diese Schlachtordnung flößte dem Gegner zwar gehörigen Respekt ein, barg aber auch erhebliche Nachteile: Die hinteren Phalanx-Soldaten konnten fast nichts sehen. Stolperte einer, konnte das den Sturz aller nach sich ziehen. Dann konnte es passieren, dass sich die Soldaten gegenseitig zu Tode trampelten. Am schlimmsten aber wurde es, wenn es den Gegnern gelang, in die Phalanx einzudringen. Die wenig beweglichen »Phalangisten« waren dem Eindringling hilflos ausgeliefert, weil sie an den Gliedmaßen weitgehend ungeschützt waren. Erbarmungslos hakten die Eindringlinge auf Arme und Beine ein und sorgten für grauenhafte Blutbäder, an deren Ende die verunstalteten Leichname der »Phalangisten« das Schlachtfeld übersäten. Blieb eine Phalanx aber unbeschädigt, richtete sie schwere Schäden in den Reihen des Gegners an.

Alexander hatte seine Phalanx in der Mitte der Ebene aufgestellt und griff mit der Reiterei am rechten Flügel die persischen Truppen an. Bald konnten die Perser ihre Positionen nicht mehr halten. Sie mussten unter schweren Verlusten zurückweichen. Während die makedonischen Reiter sich glänzend schlugen, erging es den Soldaten zu Fuß weniger gut. Sie blieben in einem Flussbett stecken. Wehrlos wurden sie von den angreifenden Persern hingemetzelt. Doch Alexander änderte seine Strategie, kam den feststeckenden Soldaten zu Hilfe und verhinderte ein Umzingelungsmanöver durch die persischen Truppen.

Als sich abzeichnete, dass die verwegen kämpfenden makedonischen Truppen trotz ihrer zahlenmäßigen Unterlegenheit die Schlacht gewinnen werden, ergriff Dareios III. mit seinem Streitwagen die Flucht. Die persischen Einheiten bemerkten dies und aller Mut war dahin. Sie zogen sich zurück und überließen den Makedoniern den Sieg. Auch Alexander hatte die Flucht des persischen Königs registriert und die Verfolgung angeordnet, aber nach fast 40 Kilometern wilder Jagd musste er aufgeben und den persischen Großkönig ziehen lassen. Dareios III. war es im Schutz seiner Truppen zwar gelungen, sich dem Zorn des Siegers zu entziehen, aber das persische Reich wurde durch das siegreiche Heer Alexanders besetzt.

Mit dieser Schlacht, die seit Generationen den Schülern mit dem Merksatz »Drei, drei, drei bei Issos Keilerei!« eingetrichtert wird, begann der Siegeszug des großen Alexander. In den folgenden sieben Jahren errichtete er den größten zusammenhängenden Staat seiner Zeit. Die Grenzen des Alexanderreichs umfassten den Mittelmeerraum einschließlich Ägyptens und die Levante bis Syrien und Kleinasien, das Perserreich entlang des Persischen Golfs bis zum Indischen Ozean.

Die Kaiserkrönung Karls des Großen: ein genialer Coup (800)

Die meisten Bewohner des Frankenlandes bereiteten sich gerade auf das 800. Wiegenfest ihres Herrn Jesus von Nazareth vor und wussten nicht, dass ihr König Karl über die Alpen zu Papst Leo III. aufgebrochen war. Leo III. hatte ihn um Hilfe gegen Aufständische in Rom gebeten, die seit dem Frühjahr 799 eine Revolte gegen ihn angezettelt hatten. Der Frankenkönig ließ Leo III. zu sich in ein Heerlager nach Paderborn kommen, dort verabredeten die beiden, dass Karl für Ordnung sorgen müsse, was er in den folgenden Monaten auch tat.

Kurz vor Weihnachten 800 erschien der König der Franken mit einem beeindruckenden Heer vor den Toren Roms, wo ihn der eilig herbeigekommene Papst mitsamt der römischen Kurie empfing und ausgiebig bewirtete. Nachdem die Vorwürfe gegen Leo III. – sexuelle Ausschweifungen, Korruption, Veruntreuung und Meineid – durch einen öffentlichen »Reinigungseid« entkräftet worden

Die Kaiserkrönung Karls des Großen: ein genialer Coup **111**

waren, konnten sich die beiden den eigentlich beabsichtigten Amtsgeschäften zuwenden, zu denen als Erstes ein gemeinsamer Besuch des Weihnachtsgottesdienstes in der Basilika des Apostel Petrus in Rom gehörte.

Die Ereignisse dieses denkwürdigen 1. Weihnachtstages 800 sind uns überliefert von Einhart, dem Hofschreiber. Karl – so Einhart – habe sich vor dem Altar zu einem innigen Gebet niedergekniet und sei vollkommen in sich versunken gewesen, als plötzlich der Papst von hinten an ihn herangetreten sei. Dann sei etwas ganz Außergewöhnliches geschehen, denn der Papst habe den überraschten Karl zum römischen Kaiser gekrönt. Sodann hätten das anwesende Kirchenvolk und der Klerus damit begonnen, fromme Lieder zu singen, und der Papst habe unverzüglich die Fußwaschung durchgeführt, die einem gekrönten Haupt zustände.

Wahrscheinlicher als die Verklärung der Kaiserkrönung Karls ist die Vermutung, dass der Frankenkönig und der Papst bei ihrem Treffen in Paderborn einen Deal verabredet haben: Ich helfe dir gegen deine Widersacher in Rom, dafür krönst du mich zum römischen Kaiser. Für Papst Leo III. war das lukrativ, denn mit Karl als römischem Kaiser hatte er den mächtigsten Mann Europas an

Karls Kaiserkrone – die eiserne Krone der Langobarden.

seiner Seite. Der weltliche Herrscher verband sein Schicksal mit ihm, dem geistlichen Oberhaupt der Christenheit.

Davon profitierte aber auch der neue Kaiser, denn in der mittelalterlichen Gedankenwelt gab es die Vorstellung einer Einheit zwischen Gott, dem Papst und dem Kaiser. Der religiöse Oberhirte und sein weltliches Pendant stellten in diesem Weltbild eine Symbiose dar. Beide garantierten eine von Gott gewollte Ordnung, in der alles nach göttlichem Willen geschah. Der Papst gab dem Kaiser die göttliche Segnung und bekam dafür den Schutz der weltlichen Macht. Ein perfekter Deal!

Karl war mit dieser Krönung zum mächtigsten Mann in Europa geworden und damit ein ebenbürtiger Gegenspieler des Patriarchen von Konstantinopel und der Kalifen von Bagdad und Kairo. Als König der Franken betrat er am 1. Weihnachtstag die Kirche, als römischer Kaiser, der sich »Augustus« nennen durfte, verließ er sie wieder. Nun war er der legitime Nachfolger der römischen Imperatoren, die Jahrhunderte vor ihm den Mittelmeerraum, Afrika, Griechenland und den damals bekannten Teil des europäischen Festlands beherrschten, und das Frankenreich stand in der unmittelbaren Nachfolge des römischen Imperiums. Da ihm dies alles mit dem Segen des Papstes zugekommen war, wurde das Reich »Heiliges Römisches Reich« genannt.

Mit der Krönung Karls zum römischen Kaiser war eine Verbindung hergestellt zwischen der römischen Antike und dem fränkischen Mittelalter. In seiner Person war dokumentiert, dass das mittelalterliche Europa auf den Schultern des »Imperium Romanum« stand und dass beide Epochen eng miteinander verknüpft waren. Karl war beseelt von dem Gedanken, die Errungenschaften der römischen Antike in ein reformiertes Frankenreich wenigstens teilweise zu übertragen.

An seinem Hof versammelte er viele Gelehrte, die sich mit der Baukunst, der Schriftkultur und den religiösen Organisationen im Lande beschäftigten und sie reformierten. In seiner Regierungszeit wurde eine Hofbibliothek eingerichtet, eine allgemein verbindliche

Schrift festgelegt, eine für alle Reichsteile gültige Währung eingeführt und eine Abschrift der Bibel angefertigt. In der Baukunst lehnten sich die Baumeister an die Vorgaben der römischen Antike und ließen für den Bau des Aachener Doms Steine aus Rom heranschaffen. In dieser als »karolingische Renaissance« bezeichneten Zeit ist das Erbe der Antike gesammelt und bis heute bewahrt worden.

Die Straßburger Eide: Geburt zweier Nationen (842)

Anfang Februar 842 hatte eine Sonnenfinsternis die schlichten Gemüter der Bürger Straßburgs in höchste Erregung versetzt. Sie waren sich sicher, das »Jüngste Gericht« stehe unmittelbar bevor, zumal seit Wochen ein Komet am Himmel zu sehen war, den sich niemand erklären konnte. Am Morgen jenes 14. Februar 842 pfiff zudem ein eisiger Wind durch die Gassen, und das Debakel schien für die 2000 Bewohner der Stadt noch weiterzugehen, denn in starkem Schneegestöber näherten sich zwei schwer bewaffnete Reiterheere. Das Klappern ihrer Schilde und die lauten Flüche der Ritter waren in der Stadt zu hören, als Ludwigs Truppen über den Rhein und Karls Mannen aus Toul kamen.

Während Ludwig in Ostfranken herrschte, einem Gebiet, das ungefähr dem heutigen Deutschland entspricht, war Karl II. König von Westfranken, in dessen Grenzen sich heute Frankreich befindet. Beide lagen mit ihrem Bruder Lothar I. im Streit. Jener Lothar war von ihrem gemeinsamen Vater als Kaiser eingesetzt worden, während er sie zu Königen über Teile des großen Frankenreichs gemacht hatte. Familienstreit war vorprogrammiert und hielt die Menschen schon einige Zeit in Atem.

Es dauerte nicht lange, bis sich die beiden Kriegshaufen Karls II. und Ludwigs an diesem kalten Februarmorgen waffenstarrend mitten in Straßburg gegenüberstanden. Die Bürger der Stadt hatten schon Deckung aufgesucht, weil sie befürchteten, es würde eine wilde Schlacht zwischen den Brüdern beginnen. Aber nichts dergleichen geschah! Als nach einiger Zeit immer noch nicht das Klirren der aufeinander sausenden Schwerter zu hören war, merkten sie, dass sie nicht etwa einer Schlacht beiwohnen, sondern Zeugen eines historischen Augenblicks werden würden.

Die beiden Heere hatten Aufstellung genommen und begannen den Worten ihrer Könige zu lauschen. Zuerst zog Ludwig eine Papierrolle hervor und begann vorzulesen. Ludwig, der den Beinamen »der Deutsche« trug, tat dies in »Diutisc«, der Sprache, die seine Gefolgsleute verstanden. Er und sein geliebter Bruder Karl II., der König der Westfranken, hätten einen Pakt geschlossen, teilte er den vor ihm aufgestellten Haudegen mit. Einen Pakt gegen ihren gänzlich unfähigen und unbezähmbar streitlustigen Bruder Lothar I., der zu allem Unglück nach dem Tod ihres gemeinsamen Vaters von diesem mit der Kaiserwürde bedacht worden war.

Da er – genau wie sein Bruder Karl II. – davon überzeugt sei, dass ihnen diesen Pakt niemand glauben werde, hätten sie sich entschlossen, zusätzlich einen feierlichen Eid vor den Augen ihrer Heere abzulegen. Nachdem Ludwig »der Deutsche« geendet hatte, wiederholte sein Bruder Karl II. diese Rede, allerdings in »Francisce«, der Sprache, die seine Krieger sprachen. Die Tatsache, dass die

> **Die Eidesformel von Straßburg**
>
> »Für Gottes Liebe und für (die des) christlichen Volkes und unsere gemeinsame Rettung, von diesem Tag vorwärts (= in Zukunft), in soweit Gott Wissen und Können mir gibt, so werde beistehen ich diesem meinen Bruder Karl sowohl in Hilfeleistung als auch in jeder Angelegenheit, so wie man zu Recht seinem Bruder beistehen soll, auf das, dass er mir genauso tue; und mit Lothar kein Abkommen werde ich niemals treffen, das meines Willens diesem meinen Bruder Karl zum Schaden sei.«

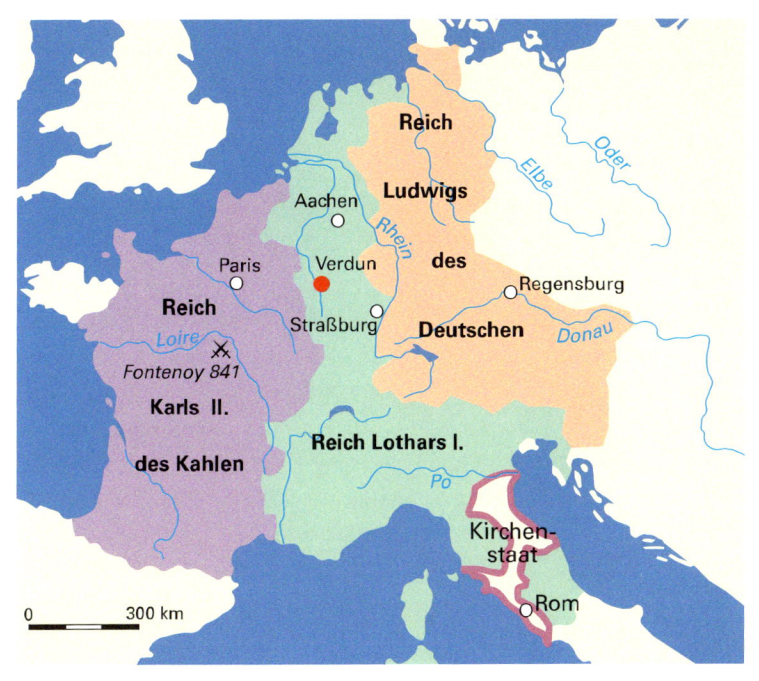

Die Straßburger Eide: Geburt zweier Nationen **115**

Mitteleuropa im 9. Jh.

beiden Brüder in der jeweils eigenen Sprache redeten, deutet daraufhin, dass sich die Bewohner des Frankenreichs nicht mehr in einer gemeinsamen Sprache verständigen konnten. Noch deutlicher wurde diese sprachliche Trennung, als es zum eigentlichen Schwur kam, den nicht nur die beiden Heere, sondern auch die verdutzten Bürger Straßburgs zu hören bekamen.

Ludwig »der Deutsche«, König des ostfränkischen Reichs, musste den Eid in der Sprache der Westfranken sprechen, weil ihn ansonsten die Ritter seines Bruders Karl nicht verstanden hätten. Dann trat der westfränkische König Karl II. vor die Männer seines Bruders Ludwig und wiederholte in der Sprache der Ostfranken diese Eidesformel. Zeitgenössische Geschichtsschreiber berichten, die Bürger von Straßburg hätten dem Geschehen mit Staunen beigewohnt und seien anschließend mehr als optimistisch gewesen, denn der Komet, der sie seit Wochen beunruhigt hatte, sei genau einen Tag nach dem Eid von Straßburg vom Himmel verschwunden. Abgesehen von den erstaunlichen Ereignissen am Himmel über Straßburg, legt die Zeremonie an diesem kalten Februarmorgen des 14. Februar 842 Zeugnis davon ab, dass sich die beiden Reichsteile auseinander entwickelt hatten.

Der 14. Februar 842 war ein Tag von großer historischer Bedeutung, weil zum ersten Mal »Diutisc«, aus der sich die deutsche Sprache entwickelt hat, und »Francisce«, dem Vorläufer des Französischen, als offizielle Ausdrucksformen bei einem derart bedeutenden politischen Ereignis verwendet worden sind. Die Straßburger Eide sind das Vorspiel für das Streben der beiden Teilreiche nach Autonomie und einer eigenen staatlichen Einheit. Am Ende dieses Prozesses stehen schließlich Frankreich und Deutschland.

Die Entdeckung Amerikas: die Neue Welt (1492)

Die Entdeckung Amerikas ist mit zwei Namen verbunden, die dem Kontinent den Namen gaben und ihren Stempel aufdrückten: Christoph Kolumbus und Americo Vespucci. Ihre Reisen in die »Neue Welt« waren mit extremen Risiken verbunden, sie setzten ihre Segel, ohne zu wissen, wohin der Wind sie treiben würde. Sie hatten keine Vorstellungen von den Gefahren, die unterwegs auf sie lauern könnten, und sie wussten nicht, ob ihre Vorräte reichen würden. Die erste Expedition des Jahres 1492 hatte nicht das Ziel, einen neuen Kontinent zu entdecken, eigentlich sollte ein neuer Seeweg nach Indien gefunden werden. Dass dabei die Entdeckung Amerikas herauskam, war dem Zufall und mangelnder Navigationsfähigkeit zuzuschreiben.

Christoph Kolumbus wurde vermutlich 1451 als Sohn eines Wollwebers in Genua geboren. Zunächst erlernte er den Beruf seines Vaters, interessierte sich aber auch für Reiseberichte und geografische Karten. Wahrscheinlich transportierte sein Vater Waren mit dem Schiff, so dass er früh mit der Seefahrt in Berührung kam und praktische Erfahrung sammelte. Bei einer dieser Reisen erlitt er Schiffbruch, rettete sich an die Küste von Lagos – einer kleinen Stadt an der Algarve, rund 30 Kilometer östlich von Sagres – und reiste von dort weiter nach Lissabon, einer der damals wichtigsten Handelsmächte Europas.

Portugiesische Kaufleute suchten seit dem Vormarsch der Türken, die nach der Einnahme Konstantinopels 1453 den einzigen Hafen am Schwarzen Meer kontrollierten, einen neuen Handelsweg nach Indien. Bei einer seiner Handelsfahrten nach England hörte Christoph Kolumbus von indischen Kaufleuten, die über eine bis dahin unbekannte Route nach England gekommen sein mussten. Diesen neuen Seeweg wollte er finden.

Nachdem der portugiesische König die Finanzierung einer Entdeckungsreise abgelehnt hatte, wandte er sich an die spanische Königin Isabella II., die nach einigem Zögern bereit war, auf die finanziellen Forderungen von Christoph Kolumbus einzugehen und die Expedition zu finanzieren. Im August 1492 segelte er mit einer kleinen Flotte los. Dreieinhalb Monate später landete er an der Küste von San Salvador, das er in spanischen Besitz nahm. In den folgenden Wochen erreichte er Kuba und Haiti.

Nach seiner Rückkehr wurde Christoph Kolumbus mit dem Adelstitel ausgestattet und reichlich entlohnt. Bei weiteren Expeditionen in die Neue Welt suchte er vor allem nach Gold und erwies sich dabei als brutaler Eroberer, dem Leib und Leben der Eingeborenen nichts wert war.

Bei einer vierten und letzten Reise gelangte er nach Trinidad und einen Teil Südamerikas. Kolumbus hat bis an sein Lebensende geglaubt, einen neuen Seeweg nach Indien – er nannte es »Hinterindien« – entdeckt zu haben. Bei seiner dritten Reise sprach er von

Christoph Kolumbus, zeitgenössisches Porträt.

unentdeckter Erde, die er betrat – gleichwohl er sich in Amerika befand. Von Amerika wusste er offenkundig nichts.

Der zweite »Entdecker« Amerikas, Americo Vespucci, war Kind einer angesehenen Kaufmannsfamilie aus Florenz. Er interessierte sich schon als junger Mann für Seefahrt und Navigation. Als er in Diensten der Familie der Medici stand, die seit Jahrzehnten die Geschicke der Stadt lenkten, wurde er zunächst als Schiffsausrüster nach Spanien geschickt. Dort kam er an die Reiseberichte von Christoph Kolumbus, die ihn faszinierten und dazu verleiteten, eine eigene Expedition in die »Neue Welt« ins Auge zu fassen.

Ausgestattet mit dem Geld der Medicis stach Americo Vespucci 1499 mit zwei Schiffen in See. Nach abenteuerlicher Fahrt erreichte er – ohne es zu wissen – die Ostküste Südamerikas. In mehreren

Briefen berichtete er Lorenzo di Medici von seiner Entdeckung. Diese Briefe sind umstritten, weil man nicht genau weiß, ob sie tatsächlich aus seiner Feder stammten. Dennoch sind die Veröffentlichungen von Americo Vespucci ausschlaggebend gewesen für den Namen, den der Kontinent bis heute trägt. Seine Bücher (›Neue Welt‹ und ›Vier Seefahrten des Amerigo Vespucci‹) inspirierten den deutschen Kartografen Martin Waldseemüller auf seiner 1507 entstandenen Weltkarte, den neuen Kontinent »America« zu nennen. Er leitete diesen Namen von der weiblichen Form des lateinischen Namens »Americus Vespucius« ab.

Vor allem Vespuccis Bücher trugen zur Verbreitung der Erkenntnis bei, dass nicht etwa einige Inseln entdeckt worden waren, sondern eine eigenständige – eben neue – Welt, von der die Menschen bis dahin nichts wussten. Zudem vermittelte er einen Eindruck über das Ausmaß des neuen Kontinents, was für die Menschen des beginnenden 16. Jahrhunderts eine Sensation war. Sie glaubten, die Erde bestünde nur aus den von ihnen schon entdeckten und bewohnten Teilen Europas und Asiens. Ein neuer Kontinent verschob das damalige Weltbild vollkommen.

Die Reformation: Sieg der Glaubensfreiheit (1517)

Den meisten Christenmenschen stieg die Zornesröte ins Gesicht, als sie die Sprüche der Ablasseintreiber hörten, die seit Anfang des Jahrhunderts in ganz Deutschland ihr Unwesen trieben. Sie zogen den Menschen das Geld aus der Tasche und versprachen ihnen als Gegenleistung die Tilgung aller Sünden. »Wenn das Geld im Kasten klingt, die Seele in den Himmel springt«, verkündete Johann Tetzel, der den Ablasshandel betrieb. Er und andere Eintreiber sammelten Geld für den prunkvollen Neubau des Petersdoms in Rom, den Papst Leo X. am 18. April 1506 begonnen hatte. Angesichts leerer

Kassen war der findige Papst auf die folgenschwere Idee gekommen, den Christen Tilgung ihrer Sünden gegen Zahlung eines Ablasses zu gewähren. Da die meisten Menschen zu dieser Zeit an Frömmigkeit kaum zu überbieten waren, witterte Leo X. ein lukratives Geschäft und ließ die Ablasseintreiber auf die Christenheit los.

In Wittenberg war zu jener Zeit ein kleiner dicker Mönch namens Martin Luther tätig, der bei seiner Gemeinde sehr beliebt war und den Ruf eines strenggläubigen Christen genoss. Seine Empörung war groß, als er während der Beichte von den unglaublichen Versprechungen des Johann Tetzel hörte. Man konnte nicht nur seine eigenen Sünden tilgen, sondern auch die der Verstorbenen. Es wurden Ablässe verkauft für Sünden, die man erst in der Zukunft begehen werde. Ablass gab es sogar für die Vergewaltigung der Mutter Gottes, was einer offenbar gestörten Seele eingefallen sein musste.

Martin Luther war nicht nur über die Praxis des Ablasshandels empört, sondern regte sich obendrein darüber auf, dass seine Gemeindemitglieder nach der Ablasszahlung zu ihm in den Beichtstuhl kamen und eine zusätzliche Absolution verlangten. Am 31. Oktober 1517 platzte ihm der Kragen: Er formulierte 95 Thesen, die er – entgegen gängiger Darstellungen – nicht an die Klostertür schlug, sondern an einige Freunde und Vertraute verteilte. Diese Thesen waren zunächst als Vorschlag zur Reform der römischen Kirche gedacht, gingen aber schließlich viel weiter: Sie wurden zum Wendepunkt in der Geschichte des christlichen Abendlandes, weil sie den theologischen Alleinvertretungsanspruch der römischen Kirche erst in Zweifel zogen und dann durch die Gründung einer zweiten christlichen Kirche abschafften.

Die Reformation führte aber nicht nur zur Gründung einer zweiten christlichen Kirche und zur Freiheit des Glaubens in Europa, sondern sie war auch eine politische Revolution. Überall entstanden reformierte, lutherische oder (auf der britischen Insel) anglikanische Gemeinden und Freidenker-Kirchen. Trotz vieler Unterschiede einten diese neu entstandenen Kirchen die Rückbesinnung

Die Reformation: Sieg der Glaubensfreiheit **121**

Martin Luther auf einem Holzstich von Hans Brosamer, um 1540.

auf die Heilige Schrift und die Ablehnung der vom Papst regierten römischen Kirche. Als diese eine »Gegenreformation« einleitete, begann der Kampf um die Freiheit des Glaubens.

Protestanten und – wie sie nun hießen – Katholiken standen sich unversöhnlich gegenüber. Schließlich bewaffneten sich beide Seiten und führten einen 30 Jahre dauernden Glaubenskrieg, der zwischen 1618 und 1648 vielen Millionen Menschen das Leben kostete.

Für den Katholizismus bedeutete das Aufkommen einer christlichen Konkurrenz aus den eigenen Reihen den Zwang zu inneren Reformen. Die Reformation hatte die Autorität der Kirche funda-

Wichtige Personen der Reformation

- Martin Luther, geboren am 10. November 1483 in Eisleben, gestorben am 18. Februar 1546 in Eisleben, Augustiner-Mönch und geistiger Vater der Reformation. Seine »Luther«-Bibel ist eine der wichtigsten Bibelübersetzungen.
- Ulrich Zwingli, geboren am 1. Januar 1484 in Wildhaus/Schweiz, gestorben 11. Oktober 1531 in Kappel am Albis, Züricher Reformator.
- Johann Tetzel, geboren 1465 in Pirna, gestorben am 11. August 1519 in Leipzig, Dominikanermönch und Ablassprediger in der Kirchenprovinz Magdeburg.
- Johannes Calvin, geboren am 10. Juli 1509 in Noyon, gestorben am 27. Mai 1564 in Genf, Begründer des nach ihm benannten Calvinismus.
- Leo X., geboren am 11. Dezember 1475 in Florenz, gestorben am 1. Dezember 1521 in Rom, exkommunizierte Martin Luther am 3. Januar 1521.
- Karl V., geboren am 24. Februar 1500 in Gent, gestorben am 21. September 1558 in San Jeronimo de Yuste, König von Spanien, Kaiser des Heiligen Römischen Reichs.
- Erasmus von Rotterdam, geboren am 27. Oktober 1469 in Rotterdam, gestorben am 12. Juli 1536 in Basel, einer der bedeutendsten Humanisten.
- Philipp Melanchthon, geboren am 16. Februar 1497 in Bretten, gestorben am 19. April 1560 in Wittenberg, Philosoph und Theologe, enger Freund Martin Luthers.
- Kurfürst Friedrich III. von Sachsen, genannt »Friedrich der Weise«, geboren am 17. Januar 1463 in Torgau, gestorben am 5. Mai 1525 in Lochau, unterstützte als bekennender Katholik die Ausbreitung der Reformation, versteckte Martin Luther auf der Wartburg.
- Thomas Münzer, geboren 1489 in Stolberg, gestorben 27. Mai 1525 in Mühlhausen, evangelischer Theologe und Revolutionär der Bauernkriege (1524/25).

mental in Frage gestellt und der bald beginnenden Aufklärung den Weg geebnet. Aber nicht nur das geistige Leben wurde durch die Reformation revolutioniert. Besonders in Deutschland, wo zahlreiche Landesfürsten eine starke Macht darstellten, löste sich der

Staat von der Jahrhunderte langen Bevormundung durch die Kirche. Nun stellten sich die Landesherren als Hüter des Glaubens dar und garantierten die Religionsfreiheit. Daraus folgte schließlich die Trennung von Kirche und Staat, wie sie in den demokratischen Staaten bis heute üblich ist. Die Reformation, die mit 95 Thesen eines erzürnten Mönchs aus Wittenberg begonnen hatte, stellt einen Wendepunkt in der Geschichte und der Entwicklung zur modernen Gesellschaft unserer Tage dar.

Der Westfälische Friede: Sicherheit für Europa (1648)

Die Bürger von Osnabrück waren empört, weil Franz Wilhelm Graf von Wartenberg Bischof ihrer Stadt bleiben sollte. Ausgerechnet Franz Wilhelm, stöhnten sie, hatte der doch seit 1625 im Bistum Osnabrück erbitterten Widerstand gegen protestantische Neuerungen geleistet.

Die Mehrheit der Osnabrücker stand auf der Seite der Reformation und sah sich nun um alles betrogen, wofür sie in den vergangenen 30 Jahren gekämpft hatte. Aber ihr Zorn konnte an den Beschlüssen des in Münster und Osnabrück geschlossenen Westfälischen Friedens nichts mehr ändern. Und das war auch gut so, denn am 24. Oktober 1648 endete ein Krieg, der mit einigen Unterbrechungen 30 Jahre lang den europäischen Kontinent heimgesucht hatte.

Auslöser war ein Streit zwischen protestantischen Adeligen in Böhmen und dem deutschen Kaiser Ferdinand II., der sich als fanatischer Katholik gezeigt hatte. Als am 23. Mai 1618 während einer Verhandlung in den Räumen der Prager Burg einige Protestanten zwei Beamte aus dem Fenster (»Prager Fenstersturz«) warfen, war der Anlass für den »30-jährigen Krieg« gefunden.

Wichtige historische Ereignisse

Prager Fenstersturz, Bekanntmachung mit einem Holzschnitt von Wenzel Kralow, 1618.

Obwohl seit der Reichsverfassung des Jahres 1555 Religionsfreiheit gesetzlich festgeschrieben war, lebten die beiden christlichen Lager in Unfrieden. Seit Anfang des 17. Jahrhunderts standen sich hoch gerüstete katholische und protestantische Heere gegenüber, die jederzeit kriegsbereit waren. Zwischen 1618 und 1648

Der Westfälische Friede: Sicherheit für Europa **125**

Bedeutende Personen des 30-jährigen Krieges und des Westfälischen Friedens

- Ferdinand II., geboren am 9. Juli 1578 in Graz, verstorben am 15. Februar 1637 in Wien, deutscher Kaiser von 1619 bis 1637.
- Ferdinand III., geboren am 13. Juli 1608 in Graz, verstorben am 2. April 1657 in Wien, deutscher Kaiser von 1637 bis 1657.
- Jules Mazarin, geboren am 14. Juli 1602 in Pescina, verstorben am 9. März 1661 in Vincennes, Kardinal, Minister und Berater des französischen Königs Ludwig XVI.
- Armand-Jean de Richelieu, geboren am 9. September 1585 in Paris, verstorben am 4. Dezember 1642 in Paris, Kardinal und Berater des französischen Königs Ludwig XIII.
- Gustav II. Adolf, geboren am 19. Dezember 1594 in Stockholm, verstorben am 16. November 1632 bei Lützen, schwedischer König von 1611 bis 1632.
- Christian IV., geboren am 12. April 1577 in Frederiksborg, verstorben am 28. Februar 1648 in Kopenhagen, dänischer König von 1588 bis 1648.
- Albrecht Wenzel Eusebius von Wallenstein, geboren am 24. September 1583 in Hermanitz, verstorben am 25. Februar 1634 in Eger, Herzog von Friedland und kaiserlicher Feldherr.
- Johann Tserclaes Tilly, geboren im Februar 1559 in Brabant, verstorben am 30. April 1632 in Ingolstadt, kaiserlicher Feldherr.
- Ludwig XIII., geboren am 27. September 1601 in Fontainebleau, verstorben am 14. Mai 1643 in Saint-Germain-en-Laye, französischer König von 1610 bis 1643.
- Ludwig XIV., geboren am 5. September 1638 in Saint-Germain-en-Laye, verstorben am 1. September 1715 in Versailles, französischer König von 1643 bis 1715.

wurden diese Truppen – mit ausländischer Unterstützung – in ein furchtbares Blutbad geschickt.

In unterschiedlichen Konstellationen kämpften die Heere des deutschen Kaisers, an dessen Seite die Feldherrn Tilly und Wallenstein standen, gegen jene des dänischen, schwedischen und französischen Königs. War es am Anfang ein Religionskrieg, ging es später um den politischen Einfluss in der Mitte des Kontinents. Als die Abgesandten der Krieg führenden Parteien am 24. und 25. Oktober 1648 in Münster und Osnabrück mit ihren Unterschriften das Ende des Krieges besiegelten, sollte eine europäische Nachkriegsordnung aufgebaut werden, die solch zerstörerische Ausbrüche für die Zukunft verhinderte.

Die Bestimmungen des Westfälischen Friedens sicherten den Fürsten im Deutschen Reich ihre starke Stellung gegenüber dem Kaiser. Sie behielten ihre Privilegien, bekamen ein Mitbestimmungsrecht bei der Erhebung von Steuern, bei Kriegserklärungen und Friedensverhandlungen. Die Territorialfürsten durften mit ausländischen Mächten Militärbündnisse schließen, solange sich diese nicht gegen den deutschen Kaiser richteten.

Die mitunter kleinen und allein kaum lebensfähigen Fürstentümer, von denen es im Deutschen Reich mehrere hundert gab, wurden mit dem Westfälischen Frieden zu eigenständigen Subjekten des Völkerrechts. Der Kaiser blieb eine machtlose Zentralgewalt, der auf den guten Willen der Landesfürsten angewiesen war. Das in Osnabrück und Münster unterzeichnete Regelwerk enthielt auch Abmachungen über das Zusammenwirken der kaiserlichen Zentralmacht und den Interessen der Landesfürsten. Der Kaiser hatte Machtbefugnisse verloren oder nicht bekommen, die Fürsten hatten sich hingegen ein Mitspracherecht erstritten. Dieses Mitbestimmungsrecht ist im Föderalismus der Bundesrepublik Deutschland bis heute erhalten geblieben.

Der deutsche Kaiser musste auch außenpolitische Zugeständnisse machen, denn sowohl die Vereinigten Niederlande als auch die Schweizer Eidgenossenschaft wurden mit dem Westfälischen Frieden unabhängig. Vorpommern und das Erzstift Bremen kamen zu Schweden und das Kurfürstentum Brandenburg dehnte seinen Machtbereich bis nach Königsberg aus. Frankreich hatte seine Kriegsziele hingegen erreicht. Es konnte die Vormacht des deutschen Kaisers in Mitteleuropa brechen und erhielt das Elsass. Damit war der Grundstein für den französischen Aufstieg zur europäischen Großmacht gelegt. Schweden und Frankreich garantierten den Westfälischen Frieden und mussten zu jeder geopolitischen Veränderung im Deutschen Reich ihre Zustimmung geben.

Auch der ursprüngliche Anlass des Krieges wurde im Westfälischen Frieden gelöst: Es herrschte fortan Religionsfreiheit. Beide Konfessionen waren nun gleichgestellt, das Existenzrecht der Protestanten wurde verbrieft und die aus der Reformation des Jahres 1517 hervorgegangenen Protestanten anerkannt.

Der Westfälische Friede war der erste Versuch, ein europäisches Sicherheitssystem auf die Beine zu stellen, das einen Ausgleich der sehr unterschiedlichen Interessen verschiedener Staaten berücksichtigte. Der Friede wurde von zwei Großmächten garantiert, die jeder geopolitischen Veränderung in der Mitte des Kontinents zustimmen mussten bzw. sie verhindern konnten. Das Existenzrecht der oft nur kleinen deutschen Territorialstaaten wurde durch den Westfälischen Frieden gegenüber zentralistischen Ansprüchen des deutschen Kaisers geschützt.

Die »Glorreiche Revolution« in England: alle Macht dem Parlament (1689)

Als der protestantische Oranier Wilhelm am 13. Februar 1689 neben seiner Frau Maria zum König von England gekrönt wurde, hatte er schon ein aufregendes Leben hinter sich. Sein Vater hatte ihn am preußischen Hof streng erziehen lassen, und mit 22 Jahren wurde er General und Statthalter der Vereinigten Niederlande, die sich gegen Frankreichs Gebietsansprüche zur Wehr setzen mussten. Wilhelm von Oranien entwickelte hohes militärisches Geschick und hielt die französische Armee mit einer List auf, indem er die zahlreichen Dämme des Landes fluten und das Land unter Wasser setzen ließ. Trotz einiger Gebietsverluste konnte Wilhelm von Oranien im niederländisch-französischen Krieg die Unabhängigkeit seines Landes erhalten.

1677 hatte er Maria II., eine protestantische Tochter des englischen Königs Jakob II., geheiratet und war damit für die – ebenfalls protestantische – Opposition in England ein interessanter Mann geworden. Die englischen Protestanten litten unter der strengen Rekatholisierungspolitik ihres Königs. Dieser wollte das Inselreich wieder zu einem lupenreinen katholischen Staat machen, stieß aber auf erbitterten Widerstand der Opposition, die das Land in einen blutigen Bürgerkrieg stürzte. Im britischen Parlament saßen neben den »Torries« – wie die britischen Konservativen noch heute heißen – die »Whigs«, die Liberalen, die für eine starke Volksvertretung und für religiöse Toleranz eintraten. Im Herbst 1688 war der Streit mit König Jakob II. derart eskaliert, dass die »Whigs« Wilhelm von Oranien um Hilfe baten. Der ließ sich das nicht zweimal sagen, stach in See und landete am 5. November 1688 in England. Als Jakob II. die beeindruckende Flotte des Oraniers sah, flüchtete er in entgegengesetzter Richtung über den Ärmelkanal nach Frankreich.

Die »Whigs« stellten Wilhelm von Oranien eine Bedingung, bevor sie ihn zum König krönen wollten. Er müsse ein Papier unterzeichnen, auf dem die Rechte des Parlaments, die Rechte von Gefangenen und die Tatsache festgehalten waren, dass er nicht von Gott oder dem Papst, sondern vom britischen Parlament zum König gemacht werde. Ihre Forderungen hatten einen handfesten Grund: Jahrzehntelang waren die Bürger der englischen Insel der Willkürherrschaft ihrer Könige ausgesetzt gewesen, Menschen konnten ohne Angabe von Gründen verhaftet und verschleppt werden, sie durften weder einen Verteidiger noch ihre Angehörigen sprechen.

1679 hatten sie die nach einem mittelalterlichen Haftbefehl benannte ›Habeas-Corpus‹-Akte (»jemandes habhaft werden«) erstritten. Danach durfte niemand länger als drei Tage in Haft bleiben, ohne einem Richter vorgeführt zu werden. Dieser Richter war unabhängig vom König und musste den Haftgrund überprüfen. Im

Die »Glorreiche Revolution« in England

Deckblatt der ›Bill of Rights‹ aus dem Jahr 1689.

Zweifelsfall konnte Haftverschonung gegen Kaution gewährt werden und kein Häftling durfte außer Landes gebracht werden. Diese ›Habeas-Corpus‹-Akte war die erste schriftliche Fixierung der bis heute gültigen Freiheitsrechte der Menschen, sie ist in allen demokratischen Verfassungen verwirklicht. Aber damit noch nicht genug, denn die »Whigs« forderten außerdem die Anerkennung der ›Bill of Rights‹, mit der die Rechte des englischen Parlaments bestätigt wurden. Der König durfte nur mit Zustimmung des Parlaments Steuern erheben, Kriege beginnen oder beenden und ein Heer in Friedenszeiten nur mit dem Einverständnis der Abgeordneten unterhalten. Die ›Bill of Rights‹ sicherte den Mitgliedern des Parlaments außerdem Immunität zu, damit mussten sie sich lediglich gegenüber dem Parlament und nicht mehr gegenüber dem König oder den von ihm kontrollierten Gerichten verantworten. Diese ›Bill of Rights‹ ist die Grundlage der parlamentarischen Demokratie, in der die Macht von den vom Volk gewählten Vertretern ausgeübt wird.

Wilhelm von Oranien musste diese Deklaration nicht nur akzeptieren und unterschreiben, sondern bei seiner Krönung am 13. Februar 1689 auch laut vorlesen und im Oktober 1689 vor den beiden Kammern des englischen Parlaments noch einmal wiederholen. Damit stellt der 13. Februar 1689 ein Datum von historischer Bedeutung dar, denn er ist mehr als nur ein Krönungstag. Der englische König hatte sich zum ersten Mal dazu bekannt, dass seine Regentschaft an die Zustimmung des Parlaments gebunden war und dass er nicht mehr selbstherrlich und willkürlich wie bisher herrschen konnte. Da die Unterzeichnung der ›Bill of Rights‹ ohne Blutvergießen vollzogen wurde, ist dieser Vorgang als »Glorious Revolution« in die Geschichte eingegangen. Diese »Glorreiche Revolution« hat in die Menschenrechtserklärung der Französischen Revolution von 1789, in die amerikanische Verfassung des Jahres 1791, in die belgische Verfassung von 1831, in die deutschen Verfassungen der Jahre 1849 und 1919 sowie in das deutsche Grundgesetz von 1949 Eingang gefunden.

Die amerikanische Unabhängigkeitserklärung: eine Kolonie befreit sich (1776)

Sieben Jahre lang hatten viele amerikanische Soldaten im »French and Indian War« von 1756 bis 1763 die Interessen ihrer britischen Kolonialmacht vertreten und dafür einen hohen Blutzoll bezahlt. Aber die britische Krone zeigte sich nicht dankbar, sondern versuchte die Kriegskosten in ihren amerikanischen Kolonien wieder hereinzuholen. Erreicht werden sollte die Sanierung der Staatskasse durch die Einführung von drastischen Gesetzen gegen den Schmuggel von Rohstoffen und durch die Erhebung neuer Steuern, von denen besonders die auf Zucker für Aufregung sorgte. Als 1764 noch ein Gesetz folgte, das erlaubte Privateigentum für die Beherbergung britischer Soldaten zu beschlagnahmen und 1765 eine Stempelgebühr für amtliche Papiere, Zeitungen und Spielkarten eingeführt wurde, lief das Fass über.

Im britischen Mutterland war man über die Empörung zwar erstaunt, rechnete aber nicht mit so massivem Widerstand, wie er sich in den amerikanischen Kolonien zu organisieren begann. Die Flut von neuen Verwaltungsvorschriften verstanden die Amerikaner als Verletzung ihres Rechts auf Selbstverwaltung. Sie hielten den Briten die Auffassung entgegen, dass sie keine Abgaben leisten wollten, die ein Parlament beschlossen hatte, in dem sie nicht vertreten waren (»no taxation without representation«). Wenige Wochen später kam es am 7. Oktober 1765 zur ersten nationalen Versammlung der Amerikaner, als die Delegierten der Kolonien auf Einladung der Provinz Massachusetts zum »Stempelsteuer-Kongress« in New York zusammenkamen. Die »Stempelsteuer« wurde als »aufgehoben« erklärt und ein Beschluss zum Recht auf Selbstbesteuerung gefasst.

Massachusetts war auch der Ort der nächsten Konfrontation mit den Briten. Das englische Parlament hatte der Ostindienkompanie das Tee-Monopol für Amerika erteilt. Dieser Tee war billiger

Die Diskussion um die amerikanische Unabhängigkeitserklärung, Gemälde von John Trumbell.

als der der amerikanischen Schmuggler, die daraufhin zu einem Boykott aufriefen. Als Indianer verkleidet warfen sie in Boston am 16. Dezember 1773 mehr als 300 Kisten Tee ins Wasser (»Boston Tea Party«) und lösten damit eine Strafaktion der Briten aus. Der Bostner Hafen wurde geschlossen, die Rechte der britischen Gouverneure ausgeweitet und die kanadische Südgrenze bis zum Ohio verlagert.

Aber zur Überraschung der Briten bewirkten die Sanktionen das Gegenteil des Gewünschten, denn die anderen Kolonien unterstützten Massachusetts, schickten Lebensmittel und Geld nach Boston und plädierten für die Einberufung eines »Kontinental-Kongresses«, der am 5. September 1774 auch zusammentrat. Der »Kontinental-Kongress« weckte bei der britischen Regierung die Befürchtung, dass es nicht bei diesem Kongress bleiben würde, sondern sich überall im Britischen Empire Abspaltungstendenzen zeigen könnten. Schnell war in London der Beschluss gefasst, britische Truppen nach Amerika zu entsenden. Doch die amerikanischen Milizen wussten nicht nur die moralische Unterstützung vieler Kolonien hinter sich, sondern wurden auch durch Freiwillige aus dem ganzen Land gestärkt.

Dennoch war die Lage der Amerikaner nahezu aussichtslos. Es fehlte an Geld und Ausrüstung, mit denen die Soldaten so hätten bewaffnet werden können, dass sie den kampferprobten britischen Truppen Einhalt gebieten konnten. Der Krieg sollte sechs Jahre dauern und mit einem Frieden enden, der die inzwischen vom »Kontinental-Kongress« schon vollzogene Realität anerkannte. Denn unbeeindruckt von den Kämpfen gegen das britische Mutterland erklärten die 13 Vertreter der Kolonien am 4. Juli 1776 ihre Unabhängigkeit von Großbritannien. Maßgeblicher Autor dieser Unabhängigkeitserklärung war Thomas Jefferson, der 25 Jahre später der dritte Präsident der Vereinigten Staaten von Amerika werden sollte.

Die Unabhängigkeitserklärung besteht aus drei Teilen, von denen der erste durch die Philosophie der Aufklärung (John Locke)

Auszug aus der amerikanischen Unabhängigkeitserklärung vom 4. Juli 1776

»Wir halten diese Wahrheiten für ausgemacht, dass alle Menschen gleich erschaffen worden, dass sie von ihrem Schöpfer mit gewissen unveräußerlichen Rechten begabt worden, worunter sind Leben, Freiheit und das Bestreben nach Glückseligkeit. Dass zur Versicherung dieser Rechte Regierungen unter den Menschen eingeführt worden sind, welche ihre gerechte Gewalt von der Einwilligung der Regierten herleiten; dass sobald eine Regierungsform diesen Endzwecken verderblich wird, es das Recht des Volks ist, sie zu verändern oder abzuschaffen und eine neue Regierung einzusetzen; die solche Grundsätze gegründet, und deren Macht und Gewalt solchergestalt gebildet wird, als ihnen zur Erhaltung ihrer Sicherheit und Glückseligkeit am schicklichsten zu sein scheint.«

bestimmt ist. In diesem Abschnitt wird dem Volk das Recht zugebilligt, eine Regierung abzulösen, wenn sie nicht mehr ihren Interessen entspricht. Im zweiten Teil werden die Verfehlungen der britischen Kolonialmacht aufgelistet, mit denen sie gegen die Rechte der amerikanischen Bevölkerung verstoßen hatten. Die Schlussfolgerung der ersten beiden Abschnitte steht im dritten Teil: Da ein Gehorsam gegenüber Großbritanniens Kolonialherrschaft unmöglich sei, sei es richtig, dass die Unterzeichner-Staaten von nun an das Recht für sich beanspruchten, unabhängig und souverän zu sein.

Als Ausdruck ihrer am 4. Juli 1776 errungenen Unabhängigkeit von Großbritannien zieren seitdem 13 rote und weiße Streifen die amerikanische Flagge – für jeden Unterzeichner-Staat der Unabhängigkeitserklärung einer. Der 4. Juli ist der amerikanische Nationalfeiertag, die Urkunde der Unabhängigkeitserklärung wird im Nationalarchiv in Washington aufbewahrt.

Die Französische Revolution: Freiheit, Gleichheit, Brüderlichkeit (1789)

Die Ursachen für die Französische Revolution lagen zum einen im Erstarken des Bürgertums, zum zweiten in den Auswüchsen des französischen Adels, der zwar sämtliche Privilegien genoss, aber keine gesellschaftlichen Aufgaben übernahm, und zum dritten in einer massiven Wirtschaftskrise. Zudem hatte die Aufklärung in weiten Teilen der Gesellschaft für massive Kritik an einem Staat gesorgt, der die absolutistische Stellung des Königs und Privilegien für den Adel absicherte, für das einfache Volk aber nur wenig übrig hatte.

Das feudalistische Wirtschaftssystem, in dem Bauern und Bürger an den Klerus und den Staat hohe Abgaben zu leisten hatten, war ebenfalls gescheitert, und das Ständesystem, von dem 98 Prozent der Bevölkerung benachteiligt wurden, hatte jede Rechtfertigung verloren.

Als wegen der französischen Beteiligung am Unabhängigkeitskrieg in Amerika die Staatskasse vor dem Bankrott stand, berief König Ludwig XVI. eine Ständeversammlung nach Paris, um zur Haushaltssanierung Steuererhöhungen beschließen zu lassen. Aber die Mehrheit der Delegierten funktionierte diese Ständeversammlung am 17. Juni 1789 in eine verfassungsgebende Nationalversammlung um und löste damit die Französische Revolution aus. Als der König sie aus dem Versammlungsgebäude aussperren ließ, zogen die Abgeordneten ins nahe gelegene Ballhaus und leisteten den »Ballhaus-Schwur«, nach dem sie nicht eher auseinander gehen wollten, bis eine »neue Verfassung geschaffen ist«.

Eugène Delacroix, ›Die Freiheit führt das Volk auf die Barrikaden‹, 1830.

Titelblatt der Menschen- und Bürgerrechtserklärung von 1789.

Als gleichzeitig der Brotpreis in Paris drastisch erhöht wurde, sprang der revolutionäre Funke auf die Bürger der Stadt über. Es kam zu ersten Handgreiflichkeiten zwischen bewaffneten Bürgern und königlichen Truppen. Am 17. Juli 1789 stürmte eine aufgebrachte Menge das Pariser Stadtgefängnis »Bastille« und befreite die einsitzenden Gefangenen. War es am Anfang eine Revolte in Paris, ließen sich nun auch Teile der Landbevölkerung anstecken, bewaffneten sich und stürmten Klöster und Schlösser. Das blieb nicht ohne Wirkung.

In einer dramatischen Nachtsitzung der Nationalversammlung wurden am 4. August 1789 sämtliche Privilegien des Adels, die

Die Französische Revolution **137**

Leibeigenschaft der Bauern und die Steuerbefreiung des Adels abgeschafft.

Am 26. August 1789 verkündete die Nationalversammlung die Menschen- und Bürgerrechte, die ohne Rücksicht auf Herkunft, Geschlecht, Besitzstand oder Hautfarbe zu gelten hatten. Das war der Frontalangriff auf den absolutistischen Staat, in dem sich Gesetze nach den Wünschen einer kleinen herrschenden Clique ausgerichtet hatten. Ludwig XVI. suchte sein Heil in der Flucht nach Luxemburg. Er hinterließ einen offenen Brief an die Franzosen, in dem er seine militärische Rückkehr und die Auflösung der Nationalversammlung ankündigte. Die königliche Familie wurde jedoch auf der Flucht erkannt, festgenommen und nach Paris zurückgebracht. 1791 musste er einen Eid auf die neue Verfassung ablegen, die ihm nur noch eingeschränkte Rechte zubilligte.

Aber allem revolutionären Eifer zum Trotz herrschte in der Nationalversammlung schon bald keine Einigkeit mehr. Den einen ging die Revolution zu weit, den anderen nicht weit genug. Besonders die Finanz- und Wirtschaftspolitik war umstritten: Sie hatte manchen Handwerker und Gewerbetreibenden in Paris in die Armut getrieben und dafür gesorgt, dass sich sozialrevolutionäre Gruppen zusammenschlossen, die eine direkte Demokratie und eine Wirtschaftspolitik ohne staatliche Direktiven forderten. Im Juli 1792 stürmten so genannte »Sansculotten« die Tuilerien, wo sich der König aufhielt. Einen Monat später wurde Ludwig XVI. für abgesetzt erklärt. Die Entmachtung des Königs spaltete die Nationalversammlung endgültig. Die Abgeordneten der Rechten verließen das Parlament, die Linken teilten sich in zwei Gruppierungen. Wortführer der radikalen Jakobiner wurden Maximilien Robespierre und Georges Danton.

Nach einem Schauprozess fällte eine öffentliche und namentliche Abstimmung in der Nationalversammlung das Todesurteil für den König. Am 21. Januar 1793 wurde Ludwig XVI. vor den Augen eines schaulustigen Mobs auf dem heutigen Place de la Concorde durch die Guillotine hingerichtet. Das war der Startschuss für die

»Terrorherrschaft«, die sich nun über Frankreich ausbreitete und im Namen der Revolution Freiheit, Demokratie und Menschenrechte außer Kraft setzte.

Unter der Regie Robespierres beförderte die Guillotine täglich mehrere Hundert Menschen in den Tod. Sie waren vorher – meist zu Unrecht – als Feinde der Revolution denunziert worden. Zwei Jahre nach Beginn der Terrorherrschaft wurde sein Erfinder Robespierre am 28. Juli 1974 selbst zum Schafott geführt und ermordet. Damit war diese blutige Phase der Französischen Revolution beendet.

Zwischen dem 14. Juli 1789 und dem von Napoleon I. verkündeten Ende der Französischen Revolution am 9. November 1799 wurde in Frankreich die absolutistische Monarchie abgeschafft und die Republik ausgerufen. Es galten die Menschen- und Bürgerrechte, es gab freie, gleiche und geheime Wahlen. Meinungs- und Pressefreiheit wurden ebenso in der Verfassung garantiert wie der Grundsatz, dass vor dem Gesetz alle Menschen gleich sind. Diese Revolution hat Europa nachhaltig verändert, ihre Grundsätze haben Eingang in alle demokratischen Verfassungen gefunden. Mit dem revolutionären Schlachtruf »Freiheit, Gleichheit, Brüderlichkeit« ist die wohl bedeutendste Revolution der europäischen Geschichte markiert.

Der Wiener Kongress: Restauration in Europa (1814)

Erzherzog Johann von Österreich stöhnte über die ständigen »Visiten und Gegenvisiten«, bei denen nur gegessen und getrunken werde. Unablässig werde er auf Bälle und zu Feuerwerken eingeladen, dabei stünde doch die Zukunft Europas auf dem Spiel. Der Erzherzog gehörte zu jenen gekrönten Häuptern und Diplomaten, die un-

Der Wiener Kongress: Restauration in Europa **139**

Der Wiener Kongress, zeitgenössisches Gemälde.

ter der Leitung des österreichischen Außenministers Klemens Fürst von Metternich auf dem Wiener Kongress eine Neuordnung Europas nach den napoleonischen Kriegen aushandeln sollten.

So unterschiedlich ihre politischen Auffassungen auch waren, in einem waren sie sich einig: So etwas wie die Französische Revolution sollte es nicht noch einmal geben. Mit vereinten Kräften hatte man den französischen Kaiser Napoleon vertrieben, nun sollte die europäische Sicherheitskonferenz von Wien das alte politische System restaurieren (wiederherstellen) und – vor allem – für Ruhe und Ordnung sorgen.

Als Verhandlungspartner saßen an jenem 18. September 1814 Russland, Preußen, Österreich, England und Frankreich am Tisch, die Vertreter des deutschen Rheinbunds waren nicht eingeladen. Die Verhandlungen waren schwierig und von zahlreichen Interessenkonflikten gekennzeichnet. Aber die Sorge vor weiteren Revolutionen, die auch ihre Monarchien erschüttern könnten, trieb die Verhandlungsdelegationen in ihrem Bestreben an, vorrevolutionäre Zustände und ein Gleichgewicht der europäischen Mächte wiederherzustellen. So wurde in Spanien und Portugal die Monarchie

> **Wichtige Teilnehmer des Wiener Kongresses**
>
> - Karl August Freiherr von Hardenberg, geboren am 31. Mai 1750 in Essenrode, verstorben am 26. November 1822 in Genua, preußischer Staatsmann.
> - Wilhelm Freiherr von Humboldt, geboren am 22. Juni 1767 in Potsdam, verstorben am 8. April 1835 in Tegel, preußischer Staatsmann und Begründer der nach ihm benannten Berliner Universität.
> - Graf Klemens Wenzel von Metternich, geboren am 15. Mai 1773 in Koblenz, verstorben am 11. Juni 1859 in Wien, österreichischer Außenminister.
> - Robert Stewart, 2. Marquess of Londonderry und Viscount Castlereagh, geboren am 18. Juni 1769, verstorben am 12. August 1822, britischer Außenminister.
> - Charles-Maurice de Talleyrand-Périgord, geboren am 2. Februar 1754, verstorben am 17. Mai 1838, französischer Außenminister.
> - Karl Robert Graf von Nesselrode, geboren am 14. Dezember 1780 in Lissabon, verstorben am 23. März 1862 in St. Petersburg, russischer Delegationsführer.

wieder eingerichtet. Die Niederlande bekamen die ehemals als »österreichisch Niederlande« bezeichneten Landesteile zurück, die Schweiz erlangte endgültig ihre Unabhängigkeit, und Polen wurde als »Kongresspolen« teilweise wiederhergestellt. Aber die europäische Landkarte wurde auch in der Mitte des Kontinents entscheidend verändert.

Preußen erhielt – als Entschädigung für die Lasten während des Krieges gegen Frankreich – große Teile Westfalens und andere Gebiete westlich des Rheins. Damit war Preußen zu einer westdeutschen Macht geworden, dessen Besitzungen bis an den Rhein reichten. Nur das Königreich Hannover, das seit dem Ende des 17. Jahrhunderts vom englischen König in Personalunion regiert wurde, trennte die preußischen Gebiete voneinander.

Preußen stand an den Ufern des Rheins Frankreich direkt gegenüber und hielt im deutschen Namen die später so bezeichnete

»Wacht am Rhein«. Mehr noch: Preußen beherrschte mit dieser Erweiterung seines Landes die deutsche Mitte des Kontinents. Für diese »Verpreußung Deutschlands« musste der preußische König Friedrich Wilhelm III. aber mit dem Verlust jener polnischen Gebiete bezahlen, die sich rund 20 Jahre vorher Preußen bei den sogenannten »polnischen Teilungen« unter den Nagel gerissen hatte. Gleichzeitig verzichtete der österreichische Kaiser Franz I. auf Ansprüche seines Landes in Westdeutschland und wurde dafür mit der Lombardei und Venezien »entschädigt«. Mit diesem geopolitischen Geschacher trat Preußen in die deutsche Geschichte ein, während sich Österreich aus ihr verabschiedete und eine südosteuropäische Großmacht wurde.

Nun war noch zu klären, was mit den Deutschen in der Mitte Europas werden sollte. Die Kongressteilnehmer wollten neben Frankreich, England, Preußen, Russland und Österreich keine weitere Großmacht etablieren und schufen deshalb den »Deutschen Bund«. Diesem Bund gehörten 39 souveräne Fürsten und Städte an. Gemeinsames Verfassungsorgan war ein Bundestag, der in Frankfurt am Main tagte und vom österreichischen Kaiser geleitet wurde.

In einer Bundesakte wurde festgelegt, dass neben den 39 Bundesmitgliedern auch Österreich und Preußen und die Könige von England, Dänemark und den Niederlanden stimmberechtigt waren. Zweck des Deutschen Bundes war die »Erhaltung der inneren und äußeren Sicherheit Deutschlands und die Unverletzbarkeit einzelner deutscher Staaten«.

Das Sagen in diesem »Deutschen Bund« hatten nicht nur die »unabhängigen« Staaten, sondern vor allem die Könige und Kaiser, die von außen in den »Deutschen Bund« hineinregieren konnten. Bei Streitigkeiten im Bundestag entschied die Stimme Österreichs, eine Veränderung der innerdeutschen Grenzen war durch die Bundesakte ausgeschlossen. Preußen und Österreich gehörten dem Deutschen Bund nur mit den Landesteilen an, die innerhalb der Bundesgrenzen lagen, während die Könige von England, Dänemark und den Niederlanden wegen ihren deutschen Besitzungen stimmberechtigte Mitglieder waren. Außerdem schlossen die europäischen Großmächte in Wien eine »heilige Allianz«, in der sie sich verpflichteten, für den Erhalt dieser neuen europäischen Ordnung notfalls mit militärischen Mitteln einzutreten. Eine staatliche Einheit der Deutschen, wie es viele Nationalisten in Deutschland forderten, war nach dem Wiener Kongress fürs Erste ausgeschlossen.

Der Wiener Kongress zeigte, wie stark die »deutsche Frage« mit den Wünschen und Plänen der europäischen Nachbarn verbunden war. Die Gründung eines deutschen Einheitsstaates berührte die sehr unterschiedlichen Interessen seiner Nachbarn, die in Wien eine politische Ordnung in der Mitte des Kontinents durchgesetzt haben, die ihren Sicherheitsinteressen entsprach. Der Wiener Kongress war nach dem Westfälischen Frieden von 1648 die zweite europäische Sicherheitskonferenz, die den Versuch unternahm, das zerbrechliche Verhältnis zwischen den europäischen Völkern zu stabilisieren. Für einige Jahrzehnte gelang das auch, aber die Kongressteilnehmer hatten die Sprengkraft nationaler Bestrebungen übersehen, die in der Lage waren, die Ergebnisse des Wiener Kongresses ins Gegenteil zu verkehren.

Die Frankfurter Nationalversammlung: Revolution in Deutschland (1848)

In Berlin herrschte der Ausnahmezustand. Die Bürger der Stadt hatten Barrikaden gebaut und sich Straßenschlachten mit dem preußischen Militär geliefert. Anfang März 1848 glich die Stadt einem Heerlager, überall flatterten schwarz-rot-goldene Fahnen. Mitte des Monats eskalierte die Situation, die Truppen des preußischen Königs waren nicht mehr Herr der Lage, und Friedrich Wilhelm IV. sah sich gezwungen, eine Armbinde mit den Farben der Revolution überzustreifen und durch Berlins Straßen zu reiten.

Nun reagierte auch das höchste Organ der Gesetzgebung, die Bundesversammlung in Frankfurt, und beschloss, eine neue Verfassung ausarbeiten zu lassen. Wenige Tage später wurden in Frankfurt 500 Männer in ein »Vorparlament« berufen, aus der die Deutsche Nationalversammlung hervorging, die am 18. Mai 1848 zum ersten Mal zusammentrat. Damit hatte sich die Revolution von der Straße ins Parlament verlagert, aber die Abgeordneten der Nationalversammlung standen vor schwer lösbaren Problemen.

Sie merkten schnell, dass die Schaffung eines deutschen Einheitsstaates mehr ist, als »nur« eine Verfassung zu entwerfen. Es gab keine deutsche Hauptstadt, es gab auch keine nationalen Institutionen, keine gemeinsame Gerichtsbarkeit und keine Einigkeit darüber, wer dem neuen Staat eigentlich angehören sollte. Eine

Frankfurter Nationalversammlung, zeitgenössische Lithografie.

wahre Herkulesaufgabe stand vor den Delegierten, die noch dadurch erschwert wurde, dass die meisten von ihnen Akademiker waren. Sie wollten lieber mit akribischer Genauigkeit diskutieren, anstatt pragmatische Entscheidungen zu treffen.

Dennoch machten sie sich mit großem Engagement an die Arbeit und verabschiedeten am 28. Dezember 1848 einen Katalog mit den allgemein gültigen Grund- und Menschenrechten – ein historischer Moment, denn es war das erste Mal in der deutschen Geschichte, dass ein derartig umfangreicher Rechtekatalog von einem deutschen Parlament beschlossen worden war.

Wichtiger aber war die Frage, wer zum neuen deutschen Staat gehören sollte. Hingebungsvoll plädierten die einen für einen »großdeutschen« Staat mit Österreich und Preußen unter einer habsburgischen Kaiserkrone. Sie belebten die glorreichen Zeiten der mittelalterlichen Kaiser wieder und umgaben ihre Fantasien mit dem Pathos des revolutionären Zeitgeistes. Aber so sehr sie auch von »den guten alten Zeiten« schwärmten, sie konnten keine Antwort auf die Frage geben, was mit den vielen Millionen Nichtdeutschen geschehen sollte, die in Österreich lebten. Mehr noch: Österreich sollte nur mit seinem »deutschen« Teil eingegliedert werden. Aber was sollte mit dem Rest nach dieser Teilung des österreichischen Vielvölkerstaates geschehen?

Den »Großdeutschen« standen die »Kleindeutschen« gegenüber. Sie wollten den neuen Staat aus dem Deutschen Bund und Preußen gründen. Österreich blieb in diesem Plan außen vor. Aber auch das bewirkte lautstarken Protest, denn Österreich war doch ein »deutscher« Staat. In dieser Frage war das Parlament genauso gespalten wie in einer anderen: Sollte der neue Staat eine Republik oder eine konstitutionelle Monarchie werden, in der die Macht des Kaisers durch parlamentarische Kontrolle eingeschränkt war?

Nach langem Hin und Her einigte sich eine Mehrheit der Abgeordneten darauf, dass Deutschland eine konstitutionelle Monarchie mit dem preußischen König an der Spitze werden sollte. Aber der preußische König Friedrich Wilhelm IV. dachte gar nicht daran, diese »Bürgerkrone« anzunehmen. Die Krone sei ein »eisernes Halsband der Knechtschaft, durch welches er zum Leibeigenen der Revolution gemacht werde«, schrieb er an einen Freund und bekundete damit seine tiefe Abneigung gegen alles Parlamentarische oder Demokratische.

Damit waren das Ende der Nationalversammlung und das Scheitern der Revolution in Deutschland vorprogrammiert. Nach und nach wurden die österreichischen und preußischen Delegierten zurückgerufen. Dennoch unterzeichnen 28 deutsche Kleinstaaten eine Reichsverfassung, aber Bayern, Sachsen und Hannover lehnten sie ab. Die Idee eines gemeinsamen deutschen Staates war gescheitert, denn mit Preußen, Österreich und den drei Nichtunterzeichner-Staaten verweigerten die wichtigsten Staaten der Verfassung und dem deutschen Einheitsstaat ihre Zustimmung. Ende Mai 1849 flohen die restlichen Abgeordneten als »Rumpfparlament« nach Stuttgart, wo sie am 18. Juni 1849 von württembergischen Truppen auseinander gejagt wurden.

Die Revolution war misslungen, die kühnen Pläne der Revolutionäre hatten sich nicht erfüllt, und das Ziel, einen deutschen Nationalstaat zu gründen, war in weite Ferne gerückt. Das Scheitern lag zum einen in der Unzulänglichkeit der Revolutionäre sowie in der fehlenden Macht, mit der sie ihren Forderungen hätten Nachdruck verleihen können. Zum anderen aber wurde klar, dass die Gründung eines deutschen Einheitsstaates in der Mitte des Kontinents das europäische Sicherheitssystem empfindlich gestört hätte. Weder Frankreich noch Russland oder England waren bereit, eine derart tief greifende geostrategische Veränderung in Europa zu akzeptieren.

Aber die Frankfurter Abgeordneten sind auch an der Frage der Staatsgrenzen gescheitert. Ein Ausschluss Preußens und Österreichs hätte den faden Beigeschmack hinterlassen, einen deutschen Rumpfstaat etabliert zu haben, der – wie der Deutsche Bund – allein nicht überlebensfähig und vom guten Willen der beiden übrigen »Deutschländer« abhängig gewesen wäre. Aber trotz ihres Scheiterns gehört die Nationalversammlung zu den demokratischen Traditionen, auf denen die Bundesrepublik Deutschland genau 100 Jahre später – im Mai 1949 – aufgebaut wurde.

Die Schlacht um Verdun: Trauma für Millionen (1916)

Was in den frühen Morgenstunden des 21. Februars 1916 mit einem gewaltigen Trommelfeuer der deutschen Artillerie begann, sollte innerhalb weniger Monate als Symbol für die Sinnlosigkeit von Kriegen in die Geschichte eingehen. Generalstabschef Erich von Falkenhayn befahl den Großangriff auf Verdun, um den entscheidenden Schlag gegen die von England unterstützte französische Armee zu setzen. Würde die mittelalterliche und als uneinnehmbar geltende Festung fallen – so dachte der Mann –, wäre der Krieg gewonnen, denn Verdun galt den Franzosen als Symbol für die Abwehr von Eindringlingen.

An jenem schicksalsschweren Morgen standen 200 000 französische Verteidiger einer deutschen Armee von mehr als einer Million Soldaten gegenüber. Das Trommelfeuer begann mit 1220 deutschen Geschützen. Leichtere Feldgeschütze nahmen die erste Reihe der französischen Stellungen unter Dauerbeschuss, die schwereren Geschütze zielten auf die beiden dahinter liegenden Verteidigungs- und Sanitätslinien. 100 000 Schuss Munition flogen auf die französischen Stellungen.

Ein rascher Sieg der Deutschen schien nach dieser Demonstration der Stärke unmittelbar bevorzustehen, in den folgenden Wochen aber wogten die Kämpfe hin und her, ohne dass eine Seite einen entscheidenden Sieg erringen konnte. Die Soldaten buddelten Löcher und Gräben in die Erde, in denen sie die nächsten Monate verbrachten.

Die Schlacht um Verdun: Trauma für Millionen **147**

Grabenkrieg im Ersten Weltkrieg.

Nicht nur vor Verdun hatte sich der Erste Weltkrieg zu einem erbarmungslosen Stellungskrieg entwickelt: Auf einer Länge von 700 Kilometern lagen sich zwischen der belgischen Küste und der schweizerischen Grenze die alliierten und die deutsch-österreichischen Heere in einem dichten Netz von Gräben gegenüber. Keine Seite konnte entscheidende Geländegewinne verbuchen, dafür verwandelten die Soldaten die Frontlinie in eine Ansammlung von Maulwurfshügeln, hinter denen sie sich vor Angst schlotternd versteckten. Wer seinen Kopf zu weit herausragen ließ, wurde von Scharfschützen niedergemäht. Hatte es eine Seite gewagt, einen Angriff zu starten, war das Schlachtfeld anschließend mit den geschundenen Resten menschlicher Körper übersät. Ohnmacht, Zorn und Rachegelüste waren die Reaktion.

In den Schlachten des Ersten Weltkriegs wurden neue Waffen eingesetzt, die verheerende Wirkung hatten: Das englische Maschinengewehr konnte 600 Schuss pro Minute abfeuern. Ohne zu zielen schwenkten scheinbar verrückt gewordene Schützen diese Gewehre hin und her und jagten ihre Kugeln über das Schlachtfeld. Neue Granatwerfer, Kanonen, die mehr als zehn Kilometer weit schießen konnten, und monströse Flammenwerfer verwandelten die Front in den Vorhof zur Hölle. Den ganzen Tag über dröhnten Kanonen und detonierten Geschosse. Sie verbreiteten einen nicht endenden Lärm, in dem sich das Geschrei der Lebenden mit dem Wimmern der Sterbenden vereinigte.

Offensiven und Gegenangriffe wechselten sich ab, ohne dass sich der Frontverlauf entscheidend veränderte. Während die deutschen Angreifer verbissen das Unmögliche versuchten und Verdun doch noch einnehmen wollten, konnten die französischen Verteidiger nicht aufgeben, weil dies dem Eingeständnis einer Niederlage gleichgekommen wäre.

Wer das »Glück« hatte, bei diesem mörderischen Ringen »nur« verletzt zu werden, konnte sich zwar seines Lebens freuen, sah sich aber mit katastrophalen Zuständen in den Krankenlagern konfrontiert. Die Krankenquartiere konnten die wachsende Zahl der Verletzten nicht mehr versorgen. Soldaten mit schwersten Verwundungen schrien sich die Seele aus dem Leib, aber mehr als entsetzte

---

›Im Westen nichts Neues‹

Roman von Erich Maria Remarque, erschienen 1929. Das Werk schildert den Ersten Weltkrieg aus der Sicht des einfachen Soldaten Paul Bäumler – die anfängliche Kriegsbegeisterung, dann die folgenden Skrupel und Konflikte und schließlich sein banaler Tod auf dem Schlachtfeld kurz vor Kriegsende. Das Werk gehörte zu den ersten, das von den Nationalsozialisten auf die Liste der verbotenen und verbrannten Literatur gesetzt wurde. Bereits 1930 fand der Roman eine kongeniale Verfilmung unter der Regie von Lewis Milestone, die mit dem Oscar als bester Film des Jahres ausgezeichnet wurde. Hauptdarsteller in dem mit 140 Minuten Laufzeit für damalige Verhältnisse ungewöhnlich langen Film waren Lew Ayres, Louis Wolheim und John Wray. Der auch heute noch erschütternde Film ist in restaurierter Fassung auf DVD im Handel erhältlich.

Blicke der Krankenschwestern bekamen sie nicht. Wassermangel ließ viele Soldaten schleimiges Kondenswasser von den Wänden lecken oder eigenen Urin trinken. Anschließend wälzten sie sich mit Magenkrämpfen auf dem Boden und verloren teilweise den Verstand.

In der Schlacht um Verdun wurde auch Gas eingesetzt, dessen unsichtbare Wolken sich mit dem Qualm der Kanonen vermischten und einen ebenso schleichenden wie sicheren Tod bedeuteten. Chlorgas verursachte Lungenödeme, an denen die Soldaten qualvoll verreckten. Gegen Senfgas, das eigens für den Ersten Weltkrieg entwickelt wurde, half keine Gasmaske, weil es über die Haut in die Körper eindrang und zur Erblindung führte. Auf beiden Seiten der Front krepierten Soldaten an den Folgen des Gaskrieges, der zu den größten Perversionen gehört, die sich menschliche Gehirne bis dahin ausgedacht hatten.

Die Schlacht um Verdun hatte am 21. Februar 1916 begonnen. Kurz vor Weihnachten desselben Jahres musste das deutsche Oberkommando feststellen, dass die »Ausblutungsstrategie« gescheitert war und 700 000 Soldaten ihr Leben verloren hatten. Die Überlebenden dieses von wahnsinnigen Militärs inszenierten Infernos wurden den Geruch des Todes und die Schreie der Sterbenden nie wieder los. Sie waren Augenzeugen der bis dahin größten Materialschlacht der Menschheitsgeschichte geworden, und in ihren Erdlöchern haben sie der Hölle direkt ins Antlitz geblickt. Was ihre Augen sahen, konnten ihre Seelen nie verarbeiten.

Das Ende des Ersten Weltkriegs kam im Herbst 1918. Die letzte deutsche Offensive an der Westfront war stecken geblieben und auf Seiten der Alliierten waren die Amerikaner in den Krieg eingetreten. Die deutsche Generalität erklärte am 29. September 1918, der Krieg sei nicht mehr zu gewinnen, und regten die deutsche Kapitulation an.

Die Oktoberrevolution in Russland: alle Macht den Sowjets (1917)

Die »Oktoberrevolution« hatte eigentlich schon am 22. Februar 1917 begonnen, als Petrograder Arbeiter in Streik getreten waren und dafür gesorgt hatten, dass Zar Nikolaus II. wenige Tage später abdanken musste. In den von den Aufständischen installierten »Sowjets« (»Räte«) waren Arbeiter, Bauern und Soldaten vertreten, die Delegierte in den »Allrussischen Sowjetkongress« entsandten, der im Juni 1917 zum ersten Mal tagte. Parallel zu den Sowjets hatte sich in Moskau eine »provisorische Regierung« unter der Führung von Alexander Kerenskij gebildet.

Diese nahm am 2. März ihre Arbeit auf und wollte die Demokratisierung des Landes vorantreiben. Zunächst schien es, als ob beide Gremien zusammenarbeiten und eine Doppelherrschaft ausüben könnten. Aber schon bald stellte sich heraus, dass weder die Sowjets noch die provisorische Regierung die drängenden Probleme Russlands lösen konnten. Die Versorgung der Bevölkerung war kaum noch gewährleistet, eine dringend notwendige Agrarreform wurde ebenso verschoben wie die Lösung der Nationalitätenfrage.

Misstrauen und Zorn in der Bevölkerung wuchsen, so dass sich der sozialrevolutionäre Teil der russischen Sozialdemokratie und die so genannten »Menschewiki« (»Minderheitler«) genötigt sahen, Vertreter in die provisorische Regierung zu entsenden. Nun aber konnten sie die Beschlüsse der Regierung nicht mehr kritisieren, denn sie waren ein Teil davon. Da die neue Regierung den Forderungen der Arbeiter und Bauern kein Gehör schenkte, gerieten Sozialrevolutionäre und Menschewiki immer mehr in den Sog des Vertrauensverlustes bei der Bevölkerung.

Das war die Chance für die »Bolschewiki« (»Mehrheitler«), die sich an die Spitze des Protestes stellten und im Juli 1917 Streiks und Demonstrationen organisierten: »Alle Macht den Sowjets« skandierten die Demonstranten und wollten den Umsturz. Nach diesen

Die Oktoberrevolution in Russland: alle Macht den Sowjets **151**

von der Polizei auseinander getriebenen Demonstrationen waren die Bolschewiki unter Anleitung ihres charismatischen Führers Lenin in den Augen der Arbeiter und Bauern die einzige politische Partei, der man die katastrophale Lage des Landes nicht ankreiden konnte.

Im Spätsommer 1917 begannen sich die Ereignisse zu überschlagen. Erst musste Ministerpräsident Alexander Kerenskij die Hilfe der Bolschewiken bei der Niederschlagung einer Militärrevolte in Anspruch nehmen, dann drängte Lenin seine Partei, den revolutionären Prozess »zuzuspitzen« und zum bewaffneten Aufstand überzugehen. Innerhalb der Führungsspitze der Bolschewiki, zu der inzwischen auch Leo Bronstein, genannt »Trotzki«, gestoßen war, brach eine heftige Debatte über den von Lenin provozierten Beginn der Revolution aus. Am 10. Oktober 1917 versammelte Lenin etwas mehr als die Hälfte der Mitglieder des Zentralkomitees der Partei um sich und ließ nach hitziger Debatte abstimmen. Das Ergebnis war eindeutig: Die große Mehrheit stimmte für den sofortigen Beginn der Revolution. Sechs Tage später hatte Leo Trotzki revolutionäre Truppen zusammengestellt, die nur auf den Befehl zum Angriff warteten. In der Nacht zum 25. Oktober 1917 war es soweit.

Mit dem später berühmt gewordenen Schuss des Panzerkreuzers »Aurora« auf den Winterpalast, dem Sitz des russischen Zaren im Herzen von St. Petersburg, begann die Oktoberrevolution: Sämtliche Mitglieder der Regierung wurden verhaftet und interniert, alle wichtigen Gebäude in St. Petersburg waren innerhalb weniger Stunden besetzt. 24 Stunden später kapitulierte die Regierung Alexander Kerenskijs. Unmittelbar danach übernahm Lenin die Leitung der neuen bolschewistischen Regierung.

Am Abend trat der zweite »allrussische Kongress« zusammen, in dem die Bolschewisten keine Mehrheit hatten. Es kam zu tumultartigen Auseinandersetzungen mit den Menschewiki, die den gewaltsamen Sturz der Regierung ablehnten und schließlich aus Protest den Sitzungssaal verließen. Damit hatten die Bolschewisten freie Hand, was sie am nächsten Tag dazu nutzten, zwei Gesetze zu verabschieden, die nicht nur den Forderungen der Arbeiter und Bauern entsprachen, sondern auch das Land entscheidend veränderten: Gutsbesitzer wurden enteignet, ihr Land den Bauern übergeben; und es sollte ein sofortiger Frieden mit dem Deutschen Reich geschlossen werden, damit Russland aus dem Ersten Weltkrieg ausscheiden konnte.

Die neue Regierung nannte sich »Rat der Volkskommissare«. Lenin übernahm den Vorsitz. Leo Trotzki wurde Verteidigungskommissar, Stalin leitete das Ressort »Nationalitätenfragen«. Die Revolution war relativ problemlos und schnell über die Bühne gegangen, die Ausübung und die Erhaltung der Macht erwies sich als ungleich schwieriger, zumal die erhoffte »Weltrevolution«, deren Startschuss die Oktoberrevolution sein sollte, nicht stattfand.

Unmittelbar nach der erfolgreichen Revolution gründeten die Bolschewisten die »Kommunistische Partei der Sowjetunion« (KPdSU), die bis zum Ende der Sowjetunion 1991 die einzige Partei im Staat war.

Das Ermächtigungsgesetz: der Staat Hitlers (1933)

Vor den Eingangstüren der so genannten Berliner »Krolloper« standen an jenem 23. März schwer bewaffnete SA-Einheiten, die jeden eintretenden Abgeordneten unmissverständlich bedrohten. Es sei die »nationale« Pflicht eines »jeden Volksgenossen«, dem »Gesetz zur Behebung der Not von Volk und Reich« zuzustimmen. Wer dies nicht tue, sei ein »Volksverräter«. Während die NSDAP-Abgeordneten diese Aufforderung mit zum Gruß gestrecktem rechten Arm und lautem »Heil Hitler« beantworteten, waren die meisten anderen verstört. 26 SPD-Abgeordnete und 81 Parlamen-

Redeauszug des Abgeordneten Otto Wels (SPD)

»Meine Damen und Herren! Freiheit und Leben kann man uns nehmen, die Ehre nicht. Nach den Verfolgungen, die die Sozialdemokratische Partei in der letzten Zeit erfahren hat, wird billigerweise niemand von ihr verlangen oder erwarten können, dass sie für das hier eingebrachte Ermächtigungsgesetz stimmt.«

tarier der KPD konnten an diesem Tag nicht anwesend sein, weil sie hinter den Mauern von Gefängnissen oder in Konzentrationslagern saßen, in die man sie nach dem Reichstagsbrand am 28. Februar 1933 gesteckt hatte. Als Reichstagspräsident Hermann Göring die Sitzung eröffnete und das so genannte »Ermächtigungsgesetz« zur Abstimmung stellte, begann die schwärzeste Stunde der Geschichte des deutschen Parlamentarismus.

Das Gesetz beinhaltete die Ermächtigung für die Regierung unter Adolf Hitler, ohne Zustimmung des Reichstags und ohne Gegenzeichnung durch den Reichspräsidenten Gesetze zu erlassen. Damit konnte die Regierung ohne jede Kontrolle Gesetze verkünden, die sowohl die Opposition lahm legten als auch den Staat nach nationalsozialistischen Ideen neu organisierten. Die NSDAP benötigte für das Gesetz eine Zweidrittelmehrheit der anwesenden Mitglieder des Reichstags, da mit dem »Ermächtigungsgesetz« die Verfassung der Weimarer Republik verändert werden sollte.

Das »Ermächtigungsgesetz« vom 23. März 1933

Art. 1: Reichsgesetze können außer in dem in der Reichsverfassung vorgesehenen Verfahren auch durch die Reichsregierung beschlossen werden. (…)
Art. 2.: Die von der Reichsregierung beschlossenen Reichsgesetze können von der Reichsverfassung abweichen.

Die Koalition der »Nationalen Erhebung« hatte diese verfassungsändernde Mehrheit trotz der willkürlich inhaftierten Parlamentarier nicht und war deshalb auf die Stimmen der SPD, des (katholischen) Zentrums, der »Deutschnationalen Volkspartei« (DNVP) und kleinerer Splitterparteien angewiesen. Um sie gefügig zu machen, hatten Adolf Hitler und Hermann Göring einige Abgeordnete in den Tagen vor der Abstimmung zu geheimen Treffen geladen und sie von den »ehrlichen« Absichten dieses Gesetzes überzeugt. Andere waren durch die Drohkulisse der SA-Männer derart eingeschüchtert, dass sie jeden Widerstand aufgaben und der Abschaffung der Demokratie »freiwillig« ihre Stimme gaben.

In dieser parlamentarischen Geisterstunde entmachteten die Abgeordneten sich selber und ebneten der Diktatur des »Dritten Reichs« den Weg. Sehenden Auges und in Kenntnis des Terrors, der in Deutschland seit dem Tag der Regierungsübernahme durch die NSDAP herrschte, übergaben die bürgerlichen Oppositionsparteien den Staat in die Hände Adolf Hitlers. Einzig die anwesenden SPD-Abgeordneten stimmten gegen das »Ermächtigungsgesetz«. Ihr Fraktions- und Parteivorsitzender Otto Wels lehnte in einer bewegenden Rede das Gesetz ab und musste wenige Wochen später deswegen das Land verlassen.

Nachdem die Abstimmung das »Ermächtigungsgesetz« in Kraft gesetzt hatte, konnte sich Adolf Hitler fortan rühmen, auf »legalem Weg« die Demokratie abgeschafft zu haben. Entweder stimmten die Abgeordneten aus Dummheit dem »Ermächtigungsgesetz« zu, oder sie tolerierten die dahinterstehenden Absichten. Beides war gleichermaßen unfassbar und katastrophal für die deutsche und europäische Geschichte.

Das NS-Regime machte sich mit diesem Gesetz im Rücken daran, in den kommenden Wochen und Monaten Deutschland auf den Kopf zu stellen und alle Organisationen, Verbände und Vereine, die sich nicht freiwillig den nationalsozialistischen Gruppierungen unterstellten, entweder zu verbieten oder »gleichzuschalten«.

Das Ermächtigungsgesetz: der Staat Hitlers

Am 13. März 1933 wurden die Länderparlamente gleichgeschaltet, am 2. Mai die Gewerkschaften aufgelöst. Am 14. Juli 1933 verbot ein Gesetz die Neugründung von Parteien, damit gab es in Deutschland nur noch die »Nationalsozialistische Deutsche Arbeiterpartei« (NSDAP). Innerhalb weniger Wochen war aus der parlamentarischen Demokratie der Weimarer Republik ein diktatorischer Einheitsstaat geworden, in dem jede Opposition mit unnachgiebiger Härte verfolgt und bestraft wurde.

Parallel zu den »Gleichschaltungen« begannen die Verfolgungen von Kommunisten, Gewerkschaftlern, Sozialdemokraten, Juden und Intellektuellen. Über das Land zog eine Verhaftungswelle. Literaten von Weltrang wurden denunziert, ihre Bücher unter dem Gejohle eines aufgebrachten Mobs ins Feuer geworfen. Politiker, Gewerkschaftler, aufrechte und unbeugsame Christen, aber auch »einfache« Menschen, die sich nicht uniformieren lassen wollten, wurden weggeschlossen und nicht selten umgebracht. Die Organisationen von Lehrern, Ärzten, Rechtsanwälten oder Künstlern wurden verboten und in das Heer der Braunhemden eingegliedert. Ein Boykott jüdischer Geschäfte am 1. April 1933 ließ böse Vorahnungen von dem aufkommen, was noch geschehen sollte.

Deutschland wurde mit einem Netz von Konzentrations-, Arbeits- und Erziehungslagern übersät. Unzählige Menschen verschwanden für immer in einem der insgesamt 10 000 Lager, die der nationalsozialistische Staat einrichten ließ. All das geschah unter Berufung auf das »Ermächtigungsgesetz«, das die Regierung von parlamentarischer Zustimmung befreit hatte.

Die Wannsee-Konferenz: Holocaust (1942)

Es war eine gespenstische Szenerie im Gästehaus des Chefs der Sicherheitspolizei und des Sicherheitsdienstes Reinhard Heydrich am Berliner Wannsee: 15 hochrangige Vertreter der SS, des Reichssicherheitshauptamtes, der NSDAP und verschiedener Ministerien saßen am 20. Januar 1942 an einem großen Tisch und debattierten über die Organisation des größten Massenmords in der Geschichte der Menschheit: Sämtliche Juden, derer man auf dem europäischen Kontinent habhaft werden konnte, sollten umgebracht werden.

Niemand im Raum hatte irgendwelche Skrupel. Während ihnen reichhaltiges Essen und bester französischer Kognak gereicht wurde, beschlossen sie – als sei es nichts – die millionenfache Vernichtung unschuldiger Menschen. Sie handelten auf ausdrücklichen Befehl »von oben«, denn Reinhard Heydrich hatte einige Wochen zuvor von Reichsmarschall Hermann Göring den Auftrag erhalten, die »Endlösung der Judenfrage im deutschen Einflussgebiet in Europa« vorzubereiten.

Der antijüdische Vernichtungsfeldzug des nationalsozialistischen Deutschlands hatte mit sozialer Ächtung und dem Verbrennen von Büchern jüdischer Autoren begonnen. Es folgten Boykottmaßnahmen gegen jüdische Geschäftsleute, spontane Gewaltaktionen, die Reichspogromnacht am 9. November 1939 und die »Arisierung jüdischen Eigentums«. All das war unter den Augen der deutschen Bevölkerung geschehen, die von einzelnen Aktionen abgesehen dem Treiben der nationalsozialistischen Schergen schweigend zugeschaut hatte.

Ziel der antisemitischen Politik des NS-Staates war die Vernichtung der jüdischen Rasse. Ohne Ausnahme sollten alle ihre Angehörigen vom Erdball verschwinden. Adolf Hitler hatte den Krieg gegen die Sowjetunion als »Weltanschauungskrieg gegen das jüdisch-bolschewistische Untermenschentum« definiert und damit die »Endlösung der Judenfrage« in den Mittelpunkt des Krieges gestellt. Die Teilnehmer der Wannsee-Konferenz sollten diesen »Führerwillen« nun in die grausame Tat umsetzen. Sie taten es, ohne mit der Wimper zu zucken.

Der deutsche »Herrschaftsbereich«, teilte Reinhard Heydrich zunächst mit, werde fortan planmäßig und systematisch von Juden »gesäubert«. Ohne das Wort »Ermordung« in den Mund zu nehmen, ordnete er an, dass Juden »in geeigneter Weise« im Osten zum Einsatz kommen sollten, wobei »zweifellos ein Großteil durch natürliche Verminderung ausfallen« werde. Der übrige Teil müsse »entsprechend behandelt werden, da dieser, eine natürliche Auslese darstellend, bei Freilassung als Keimzelle eines neuen jüdischen Aufbaues« anzusehen sei.

In grausam nüchterner Amtssprache wurde an diesem Tag die »Ausrottung des europäischen Judentums« zum Ziel staatlichen Handelns ausgerufen, dem sich andere – auch kriegswichtige – Planungen unterzuordnen hatten. Zum Organisator des Massenmords wurde ein kleiner, unscheinbarer, aber sehr effizient arbeitender Bürokrat bestellt: SS-Obersturmbannführer Adolf Eichmann.

Adolf Eichmann

An oberster Stelle der von Israel als NS-Verbrecher gesuchten Personen stand der ehemalige SS-Obersturmbannführer Adolf Eichmann, von 1941 bis 1945 verantwortlich für die so genannte »Endlösung« der Judenfrage – sprich: der Deportation und systematischen Ermordung der im deutschen Machtbereich lebenden Juden. Dem israelischen Geheimdienst gelang es, Eichmann, der in Buenos Aires als Ricardo Clement unter dem Deckmantel eines braven Bürgers untergetaucht war, aufzuspüren und am 11. Mai 1960 zu entführen. Eine Woche später wurde Eichmann trotz internationaler Proteste nach Israel gebracht, wo ihn ab April 1961 ein Prozess erwartete. Am 29. Mai wurde er wegen schwerster Verbrechen gegen die Menschlichkeit zum Tode verurteilt und zwei Tage später gehängt.

Er beaufsichtigte den Aufbau eigener Vernichtungslager, sorgte für einen reibungslosen Eisenbahntransport der Opfer in die Lager und spürte auch im entferntesten Winkel Europas jüdische Gemeinden auf, die er anschließend der Vernichtung »zuführen« ließ.

Der Massenmord hatte schon im Dezember 1941 begonnen, als in dem polnischen Städtchen Chelmno die ersten jüdischen Männer, Frauen und Kinder vergast wurden. Nach ihrer Ankunft im Lager wurde ihnen erzählt, sie würden zu Arbeitsstätten im Osten gebracht, müssten aber vorher noch »duschen«. Die Menschen glaubten den Worten ihrer Mörder, gingen in den »Duschraum«, der sich aber als umgebauter LKW erwies. Als der Laderaum mit nackten Menschen gefüllt war, wurden die Türen verschlossen. Dann startete ein Motor, dessen Auspuffgase in den Innenraum geleitet wurden. Als von den Opfern kein Laut mehr zu vernehmen war, fuhr der Leichenwagen in einen nahe gelegenen Wald, wo die Ermordeten in Massengräbern verscharrt wurden. In Chelmno wurden auf diese Weise zwischen Dezember 1941 und Januar 1945 mehr als 300 000 Menschen umgebracht.

Im Vernichtungslager Belzec wurde den Opfern von einem Lagerorchester ein freundlicher Empfang bereitet, und der Eingang zu den Gaskammern war mit Blumen geschmückt. Die Menschen dachten, sie beträten tatsächlich ein Bad. Als hinter ihnen die Türen krachend ins Schloss fielen, war es zu spät. 20 Minuten wurden Autoabgase in den Raum geleitet. Ein qualvolles Sterben begann. Anschließend wurden die Leichen auf offene Wagen geworfen und im Wald vergraben. Dieser Niedertracht fielen 96 000 Menschen zum Opfer. Im Juli 1942 wurden sechs weitere Gaskammern in Belzec gebaut. 1500 Menschen konnten nun gleichzeitig der »Sonderbehandlung« zugeführt werden. Um die Spuren des Massenmords zu vertuschen, wurden die Leichen verbrannt. Monatelang standen Rauchsäulen über der Stadt. Weitere 600 000 Menschen kamen auf diese Weise in Belzec ums Leben.

Ähnlich wurde auch in Sobibor verfahren. Hier wurden 250 000 Opfer gezählt. In Treblinka stand ein weiteres Vernich-

Gefangene Kinder im Vernichtungslager in Auschwitz.

tungslager, in dem 900 000 Menschen ermordet wurden. Während in diesen Lagern Autogas verwendet wurde, kam in Majdanek und Auschwitz-Birkenau das Gift »Zyklon B« zum Einsatz.

In Auschwitz stand das größte Vernichtungslager, in das zwischen 1941 und 1944 mehr als 1,3 Millionen Menschen deportiert wurden. 900 000 wurden unmittelbar nach der Ankunft »selektiert« und entweder sofort erschossen oder in die Gaskammern getrieben. Bis zu 12 000 Menschen konnten gleichzeitig »sonderbehandelt« werden.

Die Gaskammern bestanden aus unterirdischen »Umkleideräumen« für jeweils 2000 Menschen, dem sich eine als Duschraum getarnte Gaskammer anschloss. Durch eine Dachluke wurde »Zyklon B« in den Raum geschüttet. Innerhalb weniger Augenblicke waren die Opfer tot. Anschließend verbrannte man sie in eigens dafür gebauten Krematorien.

Tag für Tag standen über Auschwitz-Birkenau Kilometer hohe qualmende Schwaden menschlicher Überreste und verbreiteten einen beißenden Geruch. Mehr als eine Million Menschen sind in Auschwitz ermordet worden.

Die Schlacht von Stalingrad: Wende des Zweiten Weltkriegs (1942)

Es war bitterkalt, nachts sanken die Temperaturen weit unter den Gefrierpunkt. Es gab wenig zu essen, dafür umso mehr zu trinken. Der russische Wodka verdrängte die Angst davor, dass ihre Lebenserwartung unter 24 Stunden lag. Tagsüber kämpften deutsche und sowjetische Soldaten um jeden Straßenzug, um jedes Haus und um jede Wohnung. Nachts standen sie frierend und hungernd vor ihren Zelten, berauschten sich am konfiszierten Wodka oder spielten russisches Roulette. Der Überraschungstod aus dem Lauf ihrer eigenen Pistole schien besser, als weiter in der Hölle von Stalingrad zu kämpfen.

Am 23. August 1942 war die Offensive auf das südrussische Verkehrs- und Rüstungszentrum Stalingrad an der Wolga eröffnet worden. Wenige Tage später stand die Stadt unter einem Dauerbombardement der deutschen Wehrmacht, und es sah so aus, als würde sie diesem Trommelfeuer nicht lange standhalten können. Aber je weiter sich die deutschen Einheiten zum Stadtzentrum vorkämpften, desto größer wurde der Widerstand der sowjetischen Verteidiger Stalingrads.

Am 18. November 1942 begann eine sowjetische Gegenoffensive, bei der es der Roten Armee gelang, einen Ring um die Stadt zu legen, wodurch die eingeschlossenen deutschen Truppen vom

Die Schlacht von Stalingrad: Wende des Zweiten Weltkriegs

Nachschub abgeschnitten waren. Die 6. Armee unter dem Befehl von Generaloberst Friedrich Paulus saß in einer tödlichen Falle. Aber seine Versuche bei Adolf Hitler, die Erlaubnis zur Kapitulation zu bekommen, scheiterten. In Berlin hatte der deutsche Diktator gerade verkündet, Stalingrad stehe kurz vor der Einnahme, da konnte er jetzt keiner Kapitulation zustimmen.

Der Zweite Weltkrieg hatte mit dem Überfall auf Polen am 1. September 1939 begonnen. Zwei Tage später erklärten Frankreich und England dem Deutschen Reich den Krieg und am 17. September 1939 marschierte die Rote Armee in den Ostteil Polens ein. Deutschland und die Sowjetunion teilten sich im Oktober 1939 das besiegte Polen untereinander auf und richteten in den von ihnen annektierten Gebieten Terrorregime ein.

Im Frühjahr 1940 wurden Dänemark und Norwegen von der deutschen Wehrmacht besetzt, im Mai 1940 begann mit dem Einmarsch in Holland und Belgien der so genannte »Westfeldzug«, der binnen weniger Wochen mit einem deutschen Sieg über Frankreich endete. Im Sommer 1940 wurde die »Luftschlacht um England« eröffnet, seit Februar 1941 nahmen deutsche Verbände an der Seite Italiens am so genannten »Afrikafeldzug« teil und am 6. April 1941 wurde der Befehl zum Angriff auf Griechenland und den Balkan gegeben. Damit befanden sich Europa und weite Teile Afrikas im Kriegszustand mit den Achsenmächten Deutschland und Italien, zu denen noch die pazifische Großmacht Japan gehörte.

Nichts schien die Deutschen aufhalten zu können. In Europa ging das Gespenst der »Blitzkriege« um, mit denen die deutsche Wehrmacht sich fast den ganzen Kontinent untertan gemacht hatte. Aber das eigentliche Ziel des Zweiten Weltkriegs wurde erst am 22. Juni 1941 angegriffen: Die Sowjetunion. In den frühen Morgenstunden dieses Tages überschritten mehrere deutsche Armeen die sowjetische Grenze und setzten ihren militärischen Siegeszug zunächst mühelos fort. Während des Sommers konnten die Propagandisten der Wehrmacht Geländegewinne und siegreiche Schlachten melden.

Aber je kälter der russische Winter wurde, desto spärlicher waren solche Meldungen. Als am 7. Dezember 1941 japanische Bomber den amerikanischen Marinestützpunkt Pearl Harbor angriffen und binnen weniger Stunden 21 Flugzeuge und 323 Schiffe beschädigten oder zerstörten, gaben die USA ihre Neutralität auf und traten auf Seiten der deutschen Kriegsgegner in den Zweiten Weltkrieg ein.

Die amerikanische Kriegserklärung an Deutschland war der erste Wendepunkt des Krieges. Viele Menschen erkannten, dass ein Kampf gegen den Rest der Welt aussichtslos war. Als die ersten Fehlschläge aus Stalingrad gemeldet wurden, nahm die deutsche Bevölkerung erschüttert die Berichte von erfrorenen oder verhungerten deutschen Soldaten zur Kenntnis. Manche erinnerten sich an die Schlacht um Verdun und orakelten, dass dieser Krieg nicht zu gewinnen sei.

Generaloberst Friedrich Paulus schätzte die Lage genauso ein, fühlte sich aber an den »Führerbefehl« gebunden und wagte es nicht, den Ausbruch aus dem Kessel von Stalingrad zu versuchen. Am 10. Januar 1943 griffen mehr als eine Million sowjetische Soldaten in einer zweiten großen Offensive die eingekreisten deutschen Divisionen an.

Die sowjetische Militärführung hatte den Symbolwert der Stadt erkannt: Würde die Stadt mit dem Namen Stalins in die Hände der Deutschen fallen, wäre die Moral der sowjetischen Bevölkerung gebrochen und der Krieg möglicherweise verloren. Also warfen sie alles in die Waagschale, was die sowjetischen Waffenarsenale bereithielten und belegten die deutschen Truppen mit einem dreiwöchigen Trommelfeuer.

Am 2. Februar 1943 kapitulierten die Deutschen. 90 000 Soldaten gingen in eine unmenschliche Gefangenschaft, die nur 6000 von ihnen überlebten. Bei der Schlacht um Stalingrad starben mehr als eine Million Zivilisten und Soldaten: Russen, Deutsche, Österreicher, Ukrainer, Rumänen, Ungarn und Italiener – erschossen, erfroren, verhungert.

Der Zweite Weltkrieg wurde am 9. Mai 1945 mit der bedingungslosen Kapitulation der Deutschen beendet, nachdem das Land von alliierten Truppen erobert worden war. Noch nie in der Geschichte hat ein Krieg einen derart anderen als den zu Kriegsbeginn beabsichtigten Ausgang genommen: Es sollten deutsche Soldaten am Ural stehen und das »Reich der Germanen« vor dem Einfall »asiatischer Horden« schützen – nun waren sowjetische Soldaten in Berlin und hissten die rote Fahne auf dem Reichstag. Nicht Deutschland herrschte über Europa, sondern die alliierten Siegermächte des Zweiten Weltkriegs teilten Deutschland unter sich auf und stellten es unter ihre Verwaltung.

Die Konferenz von Jalta: die Spaltung Europas (1945)

Der Ort war mit Bedacht gewählt. Die Halbinsel Krim, auf der Jalta liegt, war erst wenige Wochen zuvor von der Roten Armee aus den Händen der Deutschen wieder befreit worden. Der sowjetische Diktator Josef Stalin konnte so seinen alliierten Gästen demonstrieren, wie machtvoll er inzwischen geworden war. Auf Einladung Stalins waren am 4. Februar 1945 der amerikanische Präsident Franklin D. Roosevelt und der britische Premierminister Winston Churchill angereist, um über drei Probleme zu beraten, die sich nach dem Ende des Zweiten Weltkriegs für Europa und die Welt auftaten: Es ging um ein gemeinsames militärisches Vorgehen gegen die Deutschen und ihren pazifischen Verbündeten Japan, um die Behandlung des Deutschen Reichs und der von den Deutschen während des Zweiten Weltkriegs besetzten Gebiete und um die Gründung der Vereinten Nationen, auf die besonders Roosevelt drängte.

Wie schon auf der Konferenz von Teheran am 1. Dezember 1943 waren sich die drei Staatsmänner in der wesentlichen Frage einig: Der Krieg in Europa und im pazifischen Raum müsse schnellstens und mit einer »bedingungslosen Kapitulation« der Deutschen und der Japaner enden. Stalin besaß gute Karten, denn die Winteroffensive der Roten Armee war erfolgreich und hatte Polen und weite Teile der deutschen Ostgebiete schon in seine Hand gebracht.

Diese militärischen Erfolge und die kompromisslose Haltung des sowjetischen Diktators bewogen den gesundheitlich stark angeschlagenen amerikanischen Präsidenten und den britischen Premierminister dazu, einer sowjetischen Forderung nachzukommen, die darauf hinauslief, Ost- und Südosteuropa als sowjetisches Interessensgebiet zu akzeptieren. Die Grenze Polens sollte zu Lasten des Deutschen Reichs nach Westen verschoben und ein erheblicher Teil des Ostens »polenfrei« an die Sowjetunion übergeben werden.

Das Deutsche Reich sollte nach der sich abzeichnenden Niederlage in vier Besatzungszonen aufgeteilt und von einem alliierten Kontrollrat gemeinsam verwaltet werden. Nur widerwillig hatte Stalin der westlichen Forderung zugestimmt, dass auch Frankreich den Status der Besatzungsmacht bekam. Wenn das französische Besatzungsgebiet zu Lasten der Amerikaner und Briten ging, so der sowjetische Diktator, habe er nichts dagegen. In allen vier Besatzungszonen sollte eine Entnazifizierung und Entmilitarisierung durchgeführt werden, die sowohl Kriegführung als auch ein Wiederaufleben der nationalsozialistischen Ideologie unmöglich machen sollten. Aber wie lange sollte diese Besatzung dauern?

Stalin tendierte zu einer dauerhaften Aufgliederung Deutschlands, seine beiden alliierten Kriegspartner befürchteten hingegen, bei einer staatlichen Zersplitterung könnten die geplanten Repara-

---

Roosevelt: »Der Krieg ist eine Seuche. Er kann Staaten und Völker verschlingen, die vom ursprünglichen Schauplatz der Feindseligkeiten weit entfernt sind.«

Die Konferenz von Jalta: die Spaltung Europas **165**

Die Teilnehmer der Konferenz von Jalta, von links: Winston Churchill, Franklin Roosevelt, Josef Stalin.

tionszahlen durch die Deutschen nicht aufgebracht und damit der wirtschaftliche Wiederaufbau Europas in Gefahr gebracht werden. Zudem argwöhnten Winston Churchill und Franklin D. Roosevelt, eine langfristige Teilung der Deutschen in mehrere deutsche Kleinstaaten würde einen dauerhaften Unruheherd in Mitteleuropa schaffen und möglicherweise den Grund für weitere Kriege liefern.

So wurde zwar der Plan Stalins abgelehnt, aber die Beschlüsse der Konferenz von Jalta kamen seinen Absichten entgegen: Deutschland wurde in vier Besatzungszonen aufgeteilt, die Haupt-

> **Die Teilnehmer der Konferenz von Jalta**
>
> - Josef Stalin, geboren am 21. Dezember 1879 in Gorki, verstorben am 5. März 1953 in Moskau, sowjetischer Diktator von 1924 bis 1953.
> - Franklin Delano Roosevelt, geboren am 30. Januar 1882 in New York, verstorben am 12. April 1945 in Warm Springs. 32. Präsident der Vereinigten Staaten von Amerika, bei der alliierten Konferenz von Jalta von schwerer Krankheit gezeichnet.
> - Winston Churchill, geboren am 30. November 1874 in Woodstock, verstorben am 24. Januar 1965 in London. Britischer Premierminister, wurde bei der Potsdamer Konferenz am 27. Juli 1945 nach einer verlorenen Parlamentswahl von Clement Attlee abgelöst. War überzeugter Gegner Stalins, in dessen kommunistischem Regime er die größte Gefahr für Europa nach 1945 sah.

stadt Berlin durch ebenso viele Sektorengrenzen zersplittert und Polen nach Westen verschoben. Die Deutschen hatten zudem für die Schäden des Zweiten Weltkriegs Reparationszahlungen zu leisten.

Damit war die Trennung Europas besiegelt, denn schon in Jalta wurde erkennbar, dass die alliierten Sieger nach dem Krieg getrennte Wege gehen und aus der gemeinsamen Verantwortung für das besiegte Deutschland einen Spielball im »Kalten Krieg« machen würden. Josef Stalin hatte neben territorialen Gewinnen für die Sowjetunion aber auch einen Sicherheitsgürtel im Sinn, den er um die UdSSR legen wollte. Die Tschechoslowakei, polnische Gebiete, das Baltikum und selbst das entfernt gelegene Italien sollten einen Ring von Satellitenstaaten bilden, der sich schützend um den sowjetischen Machtbereich legen sollte.

Er stellte am Ende der Verhandlungen noch einmal klar, dass er die in seinen Machtbereich fallenden Länder dem kommunistischen Block eingliedern und dort eine Demokratisierung nach westlichem Vorbild mit allen Mitteln verhindern werde. Nachdem Winston Churchill und Franklin D. Roosevelt diese Ankündigung widerwillig hingenommen hatten, stimmte Josef Stalin im Gegenzug einem Geheimpapier zu, durch das die Sowjetunion dem deutschen Bündnispartner Japan den Krieg erklären werde. Für diese Unterstützung wurden ihm territoriale Zugewinne im Fernen Osten in Aussicht gestellt.

Nachdem diese Fragen geklärt waren, einigten sich die drei Verhandlungspartner auf einen Entwurf zur Charta der Vereinten Nationen. Der Sowjetunion wurde im mächtigsten Gremium der Vereinten Nationen – dem Sicherheitsrat (England, Frankreich, China, USA und Sowjetunion) – ein Vetorecht eingeräumt. Damit war das letzte Hindernis auf der Konferenz von Jalta beseitigt: Der Gründung der Vereinten Nationen stand nichts mehr im Wege.

Somit endete die Konferenz von Jalta mit dem Beschluss, den europäischen Kontinent zwischen der Sowjetunion und ihren Verbündeten einerseits und den westlichen Alliierten andererseits aufzuteilen, und der Übereinkunft, eine Organisation ins Leben zu rufen, die auf dem Prinzip der Gleichheit aller Nationen basieren und der Erhaltung des Friedens dienen sollte. Die Charta der Vereinten Nationen, die auf der Konferenz von Jalta fertig gestellt worden war, wurde am 26. Juni 1945 in San Francisco von 50 Staaten unterzeichnet. Die Bundesrepublik Deutschland und die Deutsche Demokratische Republik – beide 1948 gegründet – traten den Vereinten Nationen 1973 als 133. und 134. Mitglied bei.

Anhang

Kino- und TV-Filme mit historischen Themen

Ben Hur
Von Fred Niblo und Ferdinand P. Earle (1924)

Stummfilm über die Lebensgeschichte des Jesus von Nazareth, die mit dem Konflikt zwischen einem Juden und einem römischen Hauptmann verknüpft wird. 1959 entstand ein Remake des ZDF, das dem Vergleich mit dem Original standhält.

Julius Caesar
Von Joseph L. Mankiewicz (1953)
Mit Marlon Brando, James Mason, Deborah Kerr, John Gielgud
Nach dem gleichnamigen Theaterstück von William Shakespeare

Rom im Jahre 44 vor Christus: Julius Caesar ist auf dem Höhepunkt seiner Macht. Das Volk bejubelt ihn als großen Feldherrn und Politiker. Doch durch seine Erfolge hat er sich einige einflussreiche Senatoren zu Feinden gemacht. In der Befürchtung, dass er zum Tyrannen werden könnte, schmieden die ehrgeizigen Verschwörer Cassius und Casca ein Komplott zu Caesars Ermordung. Cassius kann sogar Caesars ehemaligen Vertrauten Brutus für das Vorhaben gewinnen. Bevor sich Caesar am nächsten Tag zum König krönen lassen kann, wird er von Cassius, Casca und Brutus erstochen. Brutus rechtfertigt die Tat vor dem römischen Volk als edlen Tyrannenmord. Doch als Caesars Vertrauter Mark Anton die Verschwörer in einer feurigen Rede als Verräter brandmarkt, kippt die Stimmung. Mark Anton zieht die Römer auf seine Seite und macht nun unerbittlich Jagd auf Brutus und dessen Verbündete. Zwischen den Fliehenden kommt es zum Zerwürfnis. Brutus verzweifelt an seiner Tat und klagt Cassius zugleich der Bestechung an.

Die Fahrten des Odysseus
Von Mario Camerini und Mario Bava (1955)
Mit Kirk Douglas, Silvana Mangano, Anthony Quinn,
Rossana Podesta, Daniel Ivernel, Franco Interlenghi

Odysseus hat Schiffbruch erlitten und dabei sein Gedächtnis verloren. Vom Inselvolk freundlich aufgenommen, erlangt er zu immer mehr Erinnerungen. Er erinnert sich an verschiedene Episoden, wie zum Beispiel seinen Erlebnissen in Troja, wie er gegen den Zyklopen Polyphemos kämpft, wie er dem Gesang der Sirenen entkommt und einiges mehr. Dann beginnt er sich an seine Verlobte Penelope zu erinnern. Diese sitzt unterdessen daheim und wartet bereits seit Jahren auf ihren Geliebten. Sie soll schon seit langem einen anderen Mann zum Gemahl nehmen, der dann der neue Herrscher des Reiches Ithaka werden würde. Entsprechend lang ist natürlich die Reihe der willigen Männer, die sie aber schon seit langer Zeit hinhält. Odysseus hält nichts mehr, er muss zurück zu Penelope.

Spartakus
Von Stanley Kubrick (1960)
Mit Kirk Douglas, Charles Laughton, Laurence Olivier,
Peter Ustinov, Tony Curtis

Missmut und Unzufriedenheit schwelen schon seit langem bei den Gladiatoren von Capua. Als dann Prätor Crassus einen rebellisch aufbegehrenden Gladiator tötet, ist der Zündfunke für eine Rebellion gegeben. Spartakus, auch Gladiator und Sklave, der die Sklavin Varinia liebt, fasst den wahnwitzigen Entschluss, für die Freiheit zu kämpfen. Erst folgen ihm nur wenige, dann immer mehr. Schließlich hat Spartakus ein ganzes Heer um sich versammelt, und ein mörderischer Kampf beginnt. Trotz des Aufgebots vieler römischer Legionen verläuft der Kampf für die Rebellen siegreich, und Spartakus zieht mit seinem Heer nach Süden, um Schiffe für die Rückreise in die Heimatländer zu chartern. Auch Varinia ist dabei, die ein Kind von Spartakus erwartet. Doch sie sind betrogen worden. Die Schiffe bleiben aus, und die Rebellen müssen sich noch einmal einer großen Überzahl römischer Legionen stellen – auf Leben und Tod.

Exodus
Von Otto Preminger (1960)
Mit Paul Newman, Eva Marie Saint, Ralph Richardson

Eine Chronik des israelischen Kampfes um die Unabhängigkeit im Jahr 1947. Im Mittelpunkt des Films steht Ari Ben Canaan, ein Anführer der Haganah, dessen Liebe zu Kitty Fremont vom Kampf um Unabhängigkeit überlagert wird. Der Film zeigt die verschiedenen Fraktionen der Unabhängigkeitsbewegung, insbesondere den erbitterten Kampf zwischen der gemäßigten Haganah und der terroristischen Irgun. Außerdem geht es um die Emigration der europäischen jüdischen Displaced Persons (Heimatvertriebene) nach Palästina, in deren Mittelpunkt die elenden Überlebenden des Schiffes ›Exodus‹ stehen, das von den Briten in einem Hafen auf Zypern festgehalten wird. Ari Ben Canaan droht zunächst mit der Sprengung des Schiffes, dann ruft er zu einem Hungerstreik auf, an dem sich alle 611 Passagiere beteiligen. Schließlich lassen sich die Briten erweichen und erlauben die Weiterfahrt des Schiffes nach Palästina. Dort geht der Kampf gegen die Briten und für eine staatliche Unabhängigkeit weiter. Als der Kampf gegen die Briten schließlich gewonnen ist, wird es wieder Krieg geben, den Unabhängigkeitskrieg des neuen Staates gegen die Araber.

Lawrence von Arabien
Von David Lean (1962)
Mit Peter O'Toole, Omar Sharif, Anthony Quinn, Alec Guinness

Im Auftrag der britischen Regierung bemüht sich der englische Offizier T. E. Lawrence während des Ersten Weltkriegs um Kontakte zu dem arabischen Führer Prinz Faisal. Die Briten hoffen, die Araber zum Aufstand gegen die mit den Deutschen verbündeten Türken bewegen zu können. Diese Kalkulation geht auf: Unter der Einflussnahme von Lawrence schließen sich arabische Stämme zum Kampf gegen die Türken zusammen und schlagen diese letztendlich.

Cleopatra
Von Joseph L. Mankiewicz (1962)
Mit Elisabeth Taylor, Richard Burton, Rex Harrison,
Martin Landau, Andrew Keir

Nach seinem Sieg bei Pharsalos 48 v. Chr. folgt Julius Caesar seinem flüchtenden Gegner Pompeius nach Ägypten. In Alexandria, wo ihm der Kopf des einst mächtigen Feldherrn Pompeius ausgehändigt wird, gerät Caesar in den Geschwisterstreit zwischen Ptolemäus und Cleopatra um den Thron in Ägypten: Caesar entscheidet zu Gunsten Cleopatras und macht diese nicht nur zur Herrscherin von Ägypten, sondern auch zu seiner Geliebten. Während sich in Rom die Gegner Caesars über seine Abwesenheit freuen, gebiert Cleopatra einen Sohn, den Caesar offiziell anerkennt. Nach seiner Rückkehr nach Rom folgen ihm auch Cleopatra und ihr »Caesarion« – in einem triumphalen Einmarsch. Aber Caesars Machtstreben findet ein jähes Ende. In den Iden des März 44 v. Chr. wird er ermordet. Cleopatra flüchtet mit ihrem Sohn nach Ägypten zurück. Die Römische Republik ist derweil am Ende. Schließlich besiegen Marcus Antonius und Octavian das Heer der republikanischen Cäsarenmörder und teilen sich fortan die Macht: Marcus Antonius erhält den Osten, dem auch Ägypten praktisch angehört. Antonius ist nicht so sehr am Reichtum Ägyptens interessiert, er will auch an der Seite der ägyptischen Königin Caesars Nachfolge antreten. Doch der trinkfreudige Soldat kommt mit der hohen Politik und dem langen Schatten des vergöttlichten Caesar nicht zurecht. Währenddessen bereitet sich Octavian zur endgültigen Entscheidung vor.

Der Leopard
Von Luchino Visconti (1963)
Mit Burt Lancaster, Claudia Cardinale, Alain Delon,
Giuliano Gemma

Sizilien, Anfang der sechziger Jahre des 19. Jahrhunderts: Der konservative Adlige Don Fabrizio, Fürst von Salina, stellt sich auf die Seite des Volkshelden Garibaldi, des Vorkämpfers für ein geeintes Italien. Auf einem Empfang verliebt sich sein Neffe Tancredi in Angelica, die Tochter des Bürgermeisters. Don Fabrizio, der erkannt hat, dass die Vermischung der begüterten Bourgeoisie mit der zum Abstieg verurteilten Aristokratie nur noch eine Frage der Zeit ist, hat gegen die Heirat keine Einwände. Bald darauf entscheidet sich Sizilien für ein Vereinigtes Königreich Italien unter König Viktor Emanuel von Sardinien. Auch der Fürst stimmt für die Monarchie. Einen Senatorensitz, der ihm angeboten wird, lehnt er jedoch ab. Anlässlich eines großen Balles in Palermo wird Angelica von Tancredi und dem Fürsten in die aristokratische Gesellschaft eingeführt. Die Zeit der unumschränkten Herrschaft einzelner Geschlechter über Menschen und Ländereien ist endgültig vorbei.

Die Brücke von Remagen
Von John Guillermin (1969)
Mit Peter van Eyck, Robert Vaughn, George Segal

Deutschland gegen Ende des Zweiten Weltkriegs, 1945. Die Brücke von Remagen gilt als letzte Möglichkeit, den Rhein zu überqueren – vor allem für die Amerikaner, die immer weiter ins Reichsgebiet vordringen. Daher hat Hitler beschlossen, diese Brücke sprengen zu lassen. General von Brock teilt diese Entscheidung dem Kampf-Kommandanten von Remagen, Major Paul Krüger mit und bittet ihn, unverzüglich alles in die Wege zu leiten. Krüger ist jedoch alles andere als begeistert, ist doch eben jene Rheinbrücke auch die letzte Möglichkeit für rund 75 000 deutsche Soldaten, nicht von den alliierten Truppen eingeschlossen zu werden. Er beschließt, die Sprengung so lange wie möglich zu verzögern, um möglichst vielen Soldaten die Möglichkeit zur Rettung zu geben. Gleichzeitig haben die Amerikaner unter Leitung von Lieutenant Phil Hartman jedoch ähnliche Pläne: Auch sie planen eine Sprengung der Brücke, um den Deutschen den Weg abzuschneiden, wollen aber vorher noch selbst einen Fuß über den Rhein setzen. Ein Kampf um die Brücke entbrennt.

Ghandi
Von Richard Attenborough (1982)
Mit Ben Kingsley, Candice Bergen, Edward Fox, Trevor Howard, Martin Sheen

Verfilmung des dramatischen Kampfes um die indische Unabhängigkeit von den britischen Besatzern. Im Mittelpunkt steht das Leben des Mahatma Ghandi und dessen auf Friedfertigkeit und Gewaltlosigkeit beruhendem Widerstandskampf gegen die Briten. Am Ende setzt er sein eigenes Leben ein, indem er in einen Hungerstreik tritt und so die Briten zwingt, auf die Forderungen der indischen Freiheitsbewegung einzugehen.

Pu Yi - Der letzte Kaiser
Von Bernardo Bertolucci (1987)
Mit John Lone, Joan Chen, Peter O'Toole, Victor Wong

Im Alter von nur drei Jahren wird Pu Yi seiner Mutter, einer Konkubine des chinesischen Prinzen, weggenommen und in die »Verbotene Stadt« gebracht, den abgeriegelten Sitz des chinesischen Herrschers in Peking. Dort ernennt ihn die sterbende Kaiserinwitwe zu ihrem Nachfolger – der Knirps besteigt den Thron von China und wird von nun an den Palast nicht mehr verlassen, bis die Revolution über ihn hereinbricht. Pu Yi wächst in der bizarren Welt eines goldenen Käfigs auf. Schnell lernt Pu Yi seine uneingeschränkte Macht auszunutzen, und er wächst zu einem verzogenen Gör heran, das seinen kindlichen Spielgefährten seine Macht demonstriert, indem er seine Untergebenen zu menschenunwürdigen Taten zwingt. Er bemerkt kaum, dass er 1911 durch eine Revolution zum Abdanken gezwungen wird und China sich in eine Republik verwandelt. Nach und nach dringt der politische Wandel immer mehr in Pu Yis Lebensraum ein. An seiner Seite steht in dieser Zeit Pu Yis englischer Erzieher, der dem weltfremden Naivling beibringt, was eigentlich um ihn herum vorgeht. Bewahren kann er ihn dennoch nicht vor einem Schicksal, über das Pu Yi nie selbst die Kontrolle bekommt. Mit 18 Jahren wird er aus der Verbotenen Stadt vertrieben und sucht Asyl beim Feind Japan. Sieben Jahre darf er in der japanisch kontrollierten Stadt Tianjin den Playboy spielen, bis ihn die Japaner für ihren imperialistischen Einmarsch in China missbrauchen. Der aus der nordchinesischen Provinz Mandschurei stammende Pu Yi wird als Marionettenkaiser eingesetzt, nachdem die Invasoren die Region erobert haben. Eingeschlossen in einem neuen prachtvollen Palast, befindet sich Pu Yi wieder im goldenen Käfig und muss hilflos mit ansehen, wie er Macht, Ansehen und schließlich auch seine zwei Frauen verliert: Die eine ans Fernweh, die andere ans Opium. Sein langer Weg abwärts endet schließlich in einem kommunistischen Umerziehungslager für Kriegsverbrecher, von wo aus der Film in Rückblenden erzählt ist.

1492 - Die Eroberung des Paradieses
Von Ridley Scott (1992)
Mit Gerard Depardieu, Sigourney Weaver, Armand Assante, Fernando Rey

Auf der Suche nach einem neuen Seeweg nach Indien segelt Kolumbus einem unbekannten Land entgegen. Es landet auf der Insel Guanahani, einem Paradies vor der Küste Südamerikas. Am spanischen Hof fällt Kolumbus in Ungnade, eine zweite Expedition von Americo Vespucci ist schon unterwegs, um ihn zu verhaften. Die Eroberung des Paradieses endet für Kolumbus mit Enttäuschung, an der auch die Begnadigung durch die spanische Königin nichts ändert.

Schindlers Liste
Von Steven Spielberg (1993)
Mit Liam Neeson, Ben Kingsley, Ralph Fiennes, Caroline Goodall, Martin Semmelrogge

Die authentische Geschichte des Oskar Schindler, Mitglied der NSDAP, Frauenheld und Kriegsgewinnler, der das Leben von mehr als 1100 Juden während des Holocaust rettete, indem er sie in seiner Fabrik beschäftigte. Im Jahr 1939 folgt Schindler den Truppen der Wehrmacht ins besetzte Polen, um in Krakau eine beschlagnahmte Emailwarenfabrik zu übernehmen. Seine glänzenden Beziehungen zu Militär-Obrigkeit und Schwarzmarkthändlern lassen ihn schnell zu einem einflussreichen Mann werden. Es gelingt ihm, zunächst aus bloßem Profitdenken, dann aus Menschlichkeit, Juden als billige Arbeitskräfte für seinen florierenden Betrieb freizukaufen und sie damit vor den Grausamkeiten zu bewahren.

Gettysburg
Von Ronald F. Maxwell (1993)
Mit Tom Berenger, Martin Sheen, Stephen Lang, Jeff Daniels

Dieser Film handelt ausschließlich von der Schlacht bei Gettysburg, die zwischen dem 1. und 3. Juli 1863 tobte und eine der entscheidenden Schlachten des amerikanischen Unabhängigkeitskriegs war. Im Sommer

1863 ist die Konföderierten-Armee unter dem Oberbefehl von General Lee auf dem Vormarsch. Mit der Army of Northern Virginia dringt Lee in die Bundesstaaten Maryland und Pennsylvania ein und bedroht damit die Hauptstadt der Union, Washington D.C., sowie Baltimore und Philadelphia. Die Offensive sollte die Kriegsgegner im Norden stärken und Unions-Präsident Lincoln zu Verhandlungen mit dem Konföderierten-Präsidenten Alexander Stephans zwingen und gleichzeitig eine andere Front am Mississippi entlasten. Am 1. Juli 1863 treffen bei der kleinen Stadt Gettysburg zwei Kavalleriebrigaden unter General Buford auf die Konföderierten und halten deren Vormarsch auf. Nach verlustreichen Kämpfen müssen sich die Unions-Soldaten zwar zurückziehen, halten aber strategisch wertvolle Stellungen. Am 2. Tag sollen die Soldaten des 20. Maine-Regiments am äußersten Ende der südlichen Flanke der Unionsreihen eine Stellung halten. Der zahlenmäßig weit überlegene Feind, das 2. Alabama-Regiment hat ein großes Problem; sein Angriff erfolgt gegen einen steilen Hügel. Als dem verteidigenden Maine-Regiment schließlich die Munition ausgeht, folgt der Befehl zum – berühmt gewordenen – Bajonett-Angriff. Die überraschten Gegner ziehen sich zurück oder werden gefangen genommen. Am 3. Juli erfolgt der blutige Höhepunkt der Schlacht bei Gettysburg: »Picketts Charge«, der Frontalangriff auf die Mitte der Unionsstellung bei Cementry Ridge.

Die Bartholomäusnacht
Von Patrice Chéreau (1994)
Mit Isabelle Adjani, Daniel Auteuil, Vincent Perez,
Thomas Kretschmann, Ulrich Wildgruber

Catherine de Medici, die Mutter von König Charles IX. aus dem katholischen Hause Valois, will die Bürgerkriege zwischen Protestanten und Katholiken beenden, die das französische Königreich zu zerreißen drohen. Sie arrangiert eine pompöse Hochzeit ihrer Tochter Marguerite de Valois, genannt Margot, mit dem Protestanten Henri, dem König von Navarra. Die kapriziöse Margot verachtet den linkischen Henri und geht in ihrer Hochzeitsnacht auf die Suche nach einem neuen Liebhaber. Doch ein Attentat auf Admiral de Coligny, den berühmtesten Kriegshelden der Protestanten, führt zu neuen Unruhen. In der Nacht des 24. August 1572 – eben jener Bartholomäusnacht – werden Tausende Protestanten ermordet. Margot rettet den verwundeten protestantischen Edelmann La Mole vor dem entfesselten

Mob und verliebt sich in ihn. Sie ist entsetzt über die mörderische Machtgier ihrer Mutter und ihrer Brüder und hilft ihrem Gatten Henri, sich vor deren Intrigen zu schützen. Catherine will Henri durch einen Arsen-Anschlag beseitigen, doch das Opfer wird ihr eigener Sohn, König Charles.

Braveheart
Von Mel Gibson (1995)
Mit Mel Gibson, Sophie Marceau

William Wallace ist ein tapferer und ehrenwerter Mann im frühen 14. Jahrhundert und lebt in einem kleinen Dorf in Schottland. Er will heiraten und da seitens des Landesherrn der Brauch besteht, dass dieser in der Hochzeitsnacht vor dem Bräutigam das Recht hat, mit der Braut zu schlafen, vollführt er die Hochzeit ganz im Stillen. Es kommt natürlich raus und der Landherr lässt Wallace's Frau töten. Das macht ihn zum Berserker. Mit den verarmten Bauern des Dorfes lehnt er sich auf und befreit die Bürger aus der Knechtschaft des Landesherrn. Die Schar um Wallace wird immer größer. Gemeinsam lehnen sie sich gegen den tyrannischen, englischen König Eduard auf, der Schottland unterworfen hat. Eduard sieht seine Macht bedroht und schickt seine Schwiegertochter, die französische Prinzessin Isabelle zu Wallace, um ihm einen Handel vorzuschlagen. Der Kampf gegen den englischen König ist aber nicht seine einzige Sorge, denn der schottische Hochadel, der nicht allzu sehr auf Wallace vertraut, verbündet sich mit dem englischen König ...

Das Leben ist schön
Von Roberto Benigni (1997)
Mit Roberto Benigni, Nicoletta Braschi, Giustino Durano

Der Film ist eine Tragikomödie, spielt während des Zweiten Weltkriegs und handelt von einem Mann, der versucht, seinen Sohn während der Internierung in einem nationalsozialistischen Konzentrationslager zu beschützen. Um ihn vor der grauenvollen Realität zu bewahren, erzählt er ihm, der Aufenthalt sei ein kompliziertes Spiel, dessen Regeln er genau einhalten muss, um am Ende als Sieger einen echten Panzer zu gewinnen. Hierbei versucht er alles nur Erdenkliche, um seinem Sohn den Aufenthalt im Lager so angenehm wie möglich zu gestalten und die Fassade aufrechtzuerhalten.

Kino- und TV-Filme mit historischen Themen **177**

Elisabeth
Von Shekar Kapur (1998)
Mit Cate Blanchett, Geoffrey Rush, Richard Attenborough

Einer der großen Filme über die Ära Elisabeths in England, der politische Intrigen ebenso zeigt wie religiöse Spannungen und Krieg. 1554 ist England ein finanziell angeschlagener, von religiösen Verwirrungen heimgesuchter Staat, der von der alternden Königin Maria regiert wird. Maria ist zeitlebens (erfolglos) bemüht, den Katholizismus wieder als Staatsreligion zu etablieren. Nach ihrem Tod besteigt ihre Halbschwester Elisabeth den Thron, die mithilfe ihres Beraters den Kampf gegen die Feinde am Hof aufnimmt. Sie begibt sich in einen Kampf, den sie mit ihrer Kraft, Stärke und Intelligenz gewinnt und der sie bis heute zu einer der bedeutendsten Monarchinnen der britischen Geschichte gemacht hat.

Soldat James Ryan
Von Steven Spielberg (1998)
Mit Tom Hanks, Edward Burns, Tom Sizemore, Matt Damon

Ein älterer Mann besucht mit seiner Familie einen Soldatenfriedhof. Seine Gedanken gehen zurück zum D-Day (6. Juni 1944), an dem die Landung der Alliierten Streitkräfte in der Normandie gelang. Omaha Beach, ein besonderer Strandabschnitt. Nirgendwo sonst sind die Verluste der Landungstruppen so groß. Die Einheiten liegen unter schwerstem Sperrfeuer der deutschen Bunker-Festungen. Ein gnadenloses Gefecht. Unter denen, die den Sturm auf die Küste überleben, befindet sich auch Captain Miller, für den dieser Tag noch nicht zu Ende ist. Mit dem Rest seiner Einheit erhält er ein besonderes Kommando: Sie sollen einen hinter den feindlichen Linien abgesprungenen Fallschirmjäger namens James Ryan finden und in Sicherheit bringen. James Ryan ist einer von vier Brüdern, die allesamt in der US-Army dienen. Drei aber sind in den letzten beiden Wochen gefallen. James Ryan ist der letzte Überlebende. Die kleine Einheit macht sich auf den gefährlichen Weg, nicht ohne den Sinn und Zweck ihres Einsatzes zu hinterfragen. Als Millers Einheit Ryan endlich findet, hält dieser mehr von Kameradschaft als von Rettung und verteidigt in einer Art Himmelfahrtskommando mit einer Hand voll Kameraden einen wichtigen Brückenkopf gegen deutsche Panzertruppen.

100 Jahre (1999)

100 Kurzfilme über die Geschichte des 20. Jahrhunderts. ZDF-Fernsehproduktion. Jeder Film dokumentiert das wichtigste Ereignis eines Jahres des 20. Jahrhunderts mit Archivmaterial und Zeitzeugen. Ein Mosaik eines faszinierenden Jahrhunderts mit Höhepunkten und Schreckensmomenten.

Jeanne d'Arc
Von Christian Duguay (1999)
Mit LeeLee Sobieski, Jacqueline Bisset

Zur Zeit des »Hundertjährigen Krieges« zwischen England und Frankreich, in der Hunger und Not herrschten, änderte ein Bauernmädchen das Schicksal ihres Landes. Ihr Glaube war ihre Mission. Der König erteilte ihr den Befehl. Ihr Land wurde ihre Armee. Sie brachte ihrem Volk Freiheit, bis ihr Volk sich gegen sie verschwörte, um sie zu vernichten – auf dem Scheiterhaufen. Der Film schildert die Geschichte eines unbeirrbaren Glaubens, eines ungebrochenen Mutes und einer Berufung, welche aus einem einfachen Bauernmädchen eine der legendärsten Führerinnen aller Zeiten machte.

Der Patriot
Von Roland Emmerich (2000)
Mit Mel Gibson, Heath Ledger, Joely Richardson, Jason Isaacs, Adam Baldwin, René Auberjonois, Tchéky Karyo

South Carolina im Jahre 1776. Benjamin Martin war früher im Krieg, doch dort hat er anscheinend Schreckliches erlebt, so dass er sich aus dem Unabhängigkeitskrieg gegen die Engländer heraushält und sich nur um seine Familie kümmert. Seine Frau hat ihn schon vor Jahren mit den Kindern sitzen gelassen. Die Schlachten allerdings kommen immer näher und finden bald sogar direkt vor seinem Haus, das niedergebrannt wird, statt. Als einer seiner Söhne erschossen wird, kann Benjamin Martin nicht mehr anders und gründet zusammen mit seinem Sohn eine Miliz, die durch seine List und Tücke erfolgreich gegen die Engländer kämpft.

Holocaust (2000)

Fünfteilige ZDF-Fernsehserie, die sich mit der Massenvernichtung des europäischen Judentums durch das nationalsozialistische Deutschland zwischen 1941 und 1945 beschäftigt. Teil 1 beginnt mit den SS-Einsatzgruppen, die hinter der Wehrmacht in der Sowjetunion einfallen und hinter der Front Massenermordungen durchführen. Teil 2 schildert die Wannseekonferenz und die bürokratische Organisation des Holocaust. Teil 3 zeigt das Warschauer Ghetto und andere Stätten, in denen Menschen unter unwürdigen Umständen festgehalten wurden. Teil 4 befasst sich mit dem Vernichtungslager Auschwitz und Teil 5 mit dem Widerstand gegen die Vernichtungsmaschinerie des NS-Staates.

Der Gladiator
Von Ridley Scott (2000)
Mit Russel Crowe, Joaquin Phoenix, Oliver Reed, Richard Harris

Der greise Imperator Marcus Aurelius besiegt 180 n. Chr. mit seinen römischen Legionen unter dem Kommando seines erfahrenen Militärtribuns Maximus einen barbarischen Volksstamm. Der Kaiser weiß, dass er nicht mehr lange zu leben haben wird, und sorgt sich um Rom und das römische Imperium. In einem Vier-Augen-Gespräch bittet er Maximus, nach seinem Tod die Nachfolge anzutreten, die Korruption in Rom zu beenden und schließlich die gesamte kaiserliche Macht wieder dem Senat zu übertragen. Rom soll wieder eine Republik werden. Maximus, der sich nichts sehnlicher wünscht, als zu seiner Familie zurückzukehren, und dem die Politik zuwider ist, erbittet Bedenkzeit. In derselben Nacht erklärt Marcus Aurelius diese Entscheidung auch seinem Adoptivsohn Commodus, der nach der Schlacht ins Heerlager gekommen ist. In einem Akt der Verzweiflung tötet Commodus den alten Mann. Maximus zweifelt am angeblich natürlichen Tod des Kaisers und fühlt sich verpflichtet, dessen letzten Auftrag zu erfüllen, und verweigert Commodus die Gefolgschaft. Er wird von Prätorianern festgenommen und soll auf kaiserlichen Befehl hingerichtet werden. Doch Maximus gelingt die Flucht. Verletzt kehrt er auf sein Landgut in Spanien zurück und findet Frau und Kind grausam ermordet.

Pearl Harbor
Von Michael Bay (2001)
Mit Ben Affleck, Kate Beckinsale, Josh Harnett, Alec Baldwin,
Dan Aykroyd, Cuba Gooding, Tom Sizemore

Ein aufwändig inszenierter Film über den japanischen Angriff auf den amerikanischen Marinestützpunkt in Pearl Harbor am 7. Dezember 1941. Ein spannender und insgesamt gelungener Film, auch wenn die Darstellung etwas übertrieben und die fatale Rolle der amerikanischen Führung etwas untertrieben ist. Das Ziel des japanischen Angriffs auf Pearl Harbor, den größten Flottenstützpunkt der Amerikaner im Pazifik – 3500 Kilometer von San Franzisko und 7000 km von den Philippinen entfernt –, war, die amerikanische Pazifikflotte durch einen überfallartigen Angriff aus der Luft zu vernichten. Das gelang – wenigstens teilweise –, weil die amerikanische Flotte durch »verzögerte« Warnungen vor dem Angriff nicht »voll gefechtsbereit« war.

Napoleon
Von Yves Simoneau (2002)
Mit Christian Clavier, Gérard Depardieu, John Malkovich,
Isabella Rossellini, Heino Ferch, Sebastian Koch, Marie Bäumer

Mit großem Aufwand und Starensemble gedrehter Film über Napoleon I. Die Geschichte eines aufregenden Lebens beginnt, als der kleine General aus Korsika auf seine große Liebe – die schöne Josefine – trifft. Doch Napoleon drängt es an die politische Macht, dabei spielt ihm die unsichere Zeit der Französischen Revolution in die Hände. Letzten Endes krönt er sich selbst zum Kaiser der Franzosen und führt sich auf, als sei er einer der großen römischen Imperatoren. Am Ende erliegt er seinem Größenwahn und der geballten Gegenwehr jener europäischen Völker, die er vorher jahrelang besetzt und unterdrückt hatte.

Luther
Von Eric Till (2003)
Mit Joseph Fiennes, Uwe Ochsenknecht, Bruno Ganz,
Peter Ustinov, Mathieu Carrière

1505: Der junge Martin Luther gerät in ein grauenvolles Unwetter, ein Blitz verfehlt ihn nur knapp. Zu Tode geängstigt gibt er sein Studium der Rechte auf und wird Mönch im Augustiner-Kloster zu Erfurt. Nach seiner Pilgerfahrt nach Rom 1510 geht er zum Theologiestudium nach Wittenberg, wo er 1517 seine 95 Thesen als Protest gegen den von Papst Leo X. initiierten Ablasshandel an die Tür der Schlosskirche schlägt. 1518 verlangt Rom den Widerruf der Thesen. Doch Luther bleibt standhaft. Auch vor Kaiser Karl V. auf dem Reichstag zu Worms (1521) erkennt er nur eine Autorität an: die Bibel. Vom Papst exkommuniziert und vom Kaiser geächtet, wird Luther zum Ketzer erklärt. Um sein Leben zu retten, lässt Friedrich der Weise ihn auf die Wartburg entführen. Dort übersetzt Luther innerhalb von elf Wochen das Neue Testament aus dem Griechischen ins Deutsche. Seine Lehren finden immer mehr Anhänger. Doch der Preis dafür ist hoch: Entsetzt muss Luther erkennen, dass nicht nur die Bauern ihn gründlich missverstehen. Ihr Aufstand wird von den deutschen Landesfürsten blutig niedergemetzelt. In dieser dunklen Stunde findet Luther Trost und Unterstützung bei seiner späteren Frau Katharina von Bora. Doch der Kampf um die Reformation hat erst begonnen.

Vatikan – die Macht der Päpste (2003)

Fünfteilige ZDF-Fernsehdokumentation. Die fünf Folgen dieser aufwändig gedrehten Fernsehdokumentation beschäftigen sich mit den fünf Päpsten, die zwischen1945 und 2003 amtierten. Dem Team gelang es, im Inneren des Vatikans zu drehen und so einen Einblick in den Alltag der Machtzentrale des organisierten Katholizismus zu bekommen.
Folge 1: Pius XII. und der Holocaust;
Folge 2: Johannes XXIII. und der Aufbruch;
Folge 3: Paul VI. und die Pille;
Folge 4: Johannes Paul I. und der Tod;
Folge 5: Johannes Paul II. und die Freiheit.

Troja
Von Wolfgang Petersen (2004)
Mit Brad Pitt, Eric Bana, Diane Kruger, Peter O'Toole, Julie Christie

Opulente Verfilmung des Kampfes um Troja basierend auf dem Epos des griechischen Dichters Homer, der den Trojanischen Krieg in seiner ›Ilias‹ beschrieben hat. Ausgangspunkt ist eine Liaison der schönen Helena – der Frau von König Menelaos von Sparta – mit Paris – dem Sohn von Priamos, König von Troja. Ein gewaltiges griechisches Heer zieht daraufhin gegen Troja und belagert die Stadt.

Alexander
Von Oliver Stone (2004)
Mit Colin Farrell, Anthony Hopkins, Angelina Jolie, Val Kilmer, Christopher Plummer

Der Film ist ein Heldenepos über den griechischen Feldherrn Alexander, von dessen Jugend, seinen Träumen von Ruhm und Abenteuern, bis zu seinem einsamen und mysteriösen Tod 323 v. Chr. Der Film zeigt in grandiosen Bildern Alexanders Reise auf dem Weg zu einer der imposantesten Figuren der Weltgeschichte: Von den Kämpfen auf den von der Sonne verbrannten Schlachtfeldern Persiens bis zu den schneebedeckten Gipfeln Indiens.

Der Untergang
Von Oliver Hirschbiegel (2004)
Mit Bruno Ganz, Alexandra Maria Lara, Corinna Harfouch,
Ulrich Matthes, Heino Ferch, Matthias Habich,
Matthias Kretschmann, Ulrich Noethen

Der Film spielt in den Bunkerkatakomben, in denen Hitler und seine Helfer die letzten Tage des Zweiten Weltkriegs verbringen. Basierend auf den Erinnerungen von Hitlers Sekretärin Traudl Junge (›Bis zur letzten Stunde‹) wird der Wahnsinn und die Aussichtslosigkeit dieses Krieges sichtbar.

Sophie Scholl – die letzten Tage
Von Marc Rothemund (2005)
Mit Julia Jentsch, Fabian Hinrichs, Alexander Held

Nach einer Flugblatt-Aktion werden Mitglieder der Widerstandsgruppe um die Geschwister Scholl in München im Februar 1943 verhaftet. Die tagelangen Verhöre bei der Gestapo entwickeln sich zu einem Psycho-Duell zwischen der Studentin Sophie Scholl und dem Vernehmungsbeamten Robert Mohr.

Zum Weiterlesen

Bruno Gebhardt: *Handbuch der deutschen Geschichte*
24 Bände, Klett-Cotta-Verlag, Stuttgart. Laufende Erscheinungstermine seit 2001
1891 veröffentlichte der Breslauer Gymnasiallehrer Bruno Gebhardt ein zweibändiges Handbuch zur deutschen Geschichte. Seitdem ist es immer wieder aktualisiert und neu verlegt worden. Der »Gebhardt« ist eines der bedeutendsten Standardwerke zur deutschen Geschichte. Das ›Handbuch der deutschen Geschichte‹ eignet sich zur wissenschaftlichen Vertiefung des Wissens – mit ausführlichen Literaturhinweisen und auszugsweise zitierten Quellentexten.

Die Zeit: *Welt- und Kulturgeschichte. Epochen, Fakten, Hintergründe*
20 Bände, Zeit-Verlag Gerd Bucerius, Hamburg 2005
Mit zahlreichen Abbildungen und schematischen Illustrationen werden nahezu alle Aspekte der Weltkulturgeschichte abgehandelt. Der umfangreiche Stoff erfordert manchmal eine sehr komprimierte Darstellung. Wer sich einen schnellen Überblick verschaffen will, wird hier bestens bedient.

Ian Kershaw: *Hitler*
2 Bände, Deutsche Verlagsanstalt, Stuttgart 1998
Eine umfangreiche und detaillierte Darstellung des Lebens von Adolf Hitler, des Aufstiegs der NSDAP und der gesellschaftlichen Bedingungen, unter denen sich die Wende von der Demokratie zur Diktatur 1933 vollzogen hat.

Der zweite Band beschäftigt sich mit dem Dritten Reich nach 1936, dem Zweiten Weltkrieg und dem Ende des NS-Staates 1945. Eine fesselnde Gesamtdarstellung mit hohem wissenschaftlichen Anspruch, die aber dennoch leicht zu lesen ist.

Matthias von Hellfeld: *Akte Europa – kleine Geschichte eines Kontinents*
Deutscher Taschenbuch Verlag, München, 2006
Leicht verständliche Darstellung der europäischen Geschichte von Karl dem Großen bis heute. Die Ergebnisse der wechselvollen europäischen Geschichte sind vor allem die Erkenntnis, dass eine Nation niemals stärker war (und sein wird) als die anderen Nationen Europas zusammen und dass es noch nie in der Geschichte des Kontinents so viele Gemeinsamkeiten zwischen den Völkern gegeben hat wie heute.

dtv-Atlas Weltgeschichte
2 Bände, Deutscher Taschenbuch Verlag, München 1964
Unverzichtbares Nachschlagewerk für jeden Geschichtsinteressierten. Die beiden Bände liefern einen kompakten und leicht verständlichen Überblick über die wichtigsten Ereignisse der Weltgeschichte.

Hanns Joachim Friedrichs (Hrsg.): *Illustrierte deutsche Geschichte. Vom Werden einer Nation*
Naumann & Göbel, Köln 1991
Eine vorzügliche journalistische Darstellung der deutschen Geschichte von den Anfängen bis zur Deutschen Einheit des Jahres 1990. Mit zahlreichen Bildern bietet das Buch einen leicht zu lesenden Einstieg in die Beschäftigung mit der deutschen Geschichte.

Namenverzeichnis

Akbar, Jalaluddin Muhammad (1542–1605), indischer Großmogul 30ff.
Alarich (um 370–410), westgotischer Feldherr 72
Alembert (1717–1783), Jean de, französischer Aufklärer 88
Alexander der Große (356–323 v. Chr.), Feldherr und makedonischer König 12ff., 69, 95, 107ff.
Alexander I. (1777–1825), russischer Zar 48
Alexei I. (1629–1676), russischer Zar und Vater von Peter I. 34
Alexius (1048–1118), Kaiser des byzantinischen Reichs 92
Aristoteles (384–322 v. Chr.), griechischer Philosoph 12, 67, 96
Atatürk, Kemal (1881–1938), türkischer Präsident und Staatsgründer 79ff., 101
Augustus (63 v. Chr.–14 n. Chr.), römischer Reformer 70
Bajasid I. (1447–1512), türkischer Sultan 78
Bismarck, Otto von (1815–1898), deutscher Kanzler 53ff.
Brutus, Marcus (85–42 v. Chr.), Mörder Caesars 21
Caesar, Gaius Julius (100–44 v. Chr.), römischer Imperator 18ff., 69
Calvin, Johannes (1509–1564), Begründer des Calvinismus 122
Castlereagh, Robert Stewart (1769–1822), britischer Außenminister 140
Chamberlain, Houston (1855–1927), Buchautor 64
Christian IV. (1577–1648), König von Dänemark 125
Churchill, Winston (1874–1965), britischer Premierminister 163ff.
Clemens VII. (1342–1394), Papst 99
Cranach, Lucas d. Ä. (1472–1553), deutscher Maler 121
Crassus, Marcus Licinius (115–53 v. Chr.), römischer Staatsmann 20
Dante Alighieri (1265–1321) , italienischer Dichter und Philosoph 84
Danton, Georges (1759–1794), französischer Revolutionär 137
Dareios I. († 467 v. Chr.), König von Persien 95
Dareios III. († 330 v. Chr.), König von Persien 13, 107ff.
David (um 1040–965 v. Chr.), König des antiken Israel 90
Delacroix, Eugène (1798–1863), französischer Maler 135
Diderot, Denis (1713–1784), französischer Aufklärer 88
Donatello (1386–1466), italienischer Bildhauer 82, 84
Drake, Francis (um 1540–1596), englischer Admiral und Seeheld 75
Dschingis Khan (um 1167–1227), Mongolenherrscher, Großvater von Kubilai Khan 27
Dürer, Albrecht (1471–1528), deutscher Maler 23, 82, 84

Eichmann, Adolf (1906–1962), SS-Obersturmbannführer 157f.
Einhart (um 770–840), Hofschreiber Karls des Großen 111
Erasmus von Rotterdam (1469–1536), holländischer Humanist 122
Falkenhayn, Erich von (1861–1922), deutscher Generalstabschef 146
Ferdinand II. (1578–1637), Kaiser des hl. Römischen Reichs 123, 125
Ferdinand III. (1608–1657), Kaiser des hl. Römischen Reichs 125
Fichte, Johann Gottlieb (1762–1814), deutscher Philosoph 89
Fjodor III. (1626–1682), russischer Zar 34f.
Franz I. (1768–1835), Kaiser von Österreich 141
Friedrich II. (1194–1250), Kaiser des hl. Römischen Reichs 92
Friedrich II. (1712–1786), der Große, König von Preußen 37ff.
Friedrich III. (1415–1493), deutscher Kaiser 56
Friedrich III. (1463–1525), Kurfürst von Sachsen 122
Friedrich Wilhelm I. (1685–1740), König von Preußen, »Soldatenkönig« 36f.
Friedrich Wilhelm III. (1770–1840), König von Preußen 141
Friedrich Wilhelm IV. (1795–1861), König von Preußen 53, 142ff.
Geiserich (um 389–477), König der Vandalen 73
Ghiberti, Lorenzo (1387–1455), italienischer Bildhauer 82, 84
Gnaeus Pompeius Maximus (106–48 v. Chr.), römischer Staatsmann 20
Göring, Hermann (1893–1946), Reichsmarschall und Stellvertreter Adolf Hitlers 153f., 156
Gustav II. Adolf (1594–1632), König von Schweden 125
Gutenberg, Johannes (um 1400–1468), Erfinder des Buchdrucks 84f.
Hardenberg, Karl August Freiherr von (1750–1822), preußischer Staatsmann 140
Harun ar-Raschid (766–809), Kalif von Bagdad 25ff.
Hegel, Georg Wilhelm Friedrich (1770–1831), deutscher Philosoph 89
Heinrich VII. (1457–1509), König von England 74
Herder, Johann Gottfried (1744–1803), deutscher Philosoph 88
Heydrich, Reinhard (1904–1942), Chef der NS-Sicherheitspolizei 156ff.
Hindenburg, Paul von (1847–1934), deutscher Politiker 65
Hitler, Adolf (1889–1945), deutscher Diktator 63ff., 153f., 156ff., 161
Homer (8. Jh. v. Chr.), griechischer Philosoph und Dichter 95, 104ff.
Humboldt, Wilhelm Freiherr von (1767–1835), preußischer Politiker 140
Hume, David (1711–1776), britischer Aufklärer 88
Isabella II. (1451–1504), Königin von Spanien 117.
Jakob II. (1633–1701), König von England 128f.
Jefferson, Thomas (1743–1826), Autor der amerik. Unabhängigkeitserklärung und 3. Präsident der USA 133f.

Johann (1782–1859), Erzherzog von Österreich 138ff.
Kant, Immanuel (1724–1804), deutscher Philosoph 86ff.
Karl der Große (um 742–814), Kaiser des hl. Römischen Reichs 22ff., 73, 110ff.
Karl II. (823–877), König von Westfranken 113ff.
Karl V. (1500–1558), Kaiser des hl. Römischen Reichs 99
Katte, Hans-Hermann von (1704–1730), hingerichteter Freund Friedrichs II. 37f.
Kerenskij, Alexander (1881–1970), russischer Premierminister 150ff.
Kerullarios, Michael (um 1000–1058), Patriarch von Konstantinopel 102
Kleisthenes (6. Jh. v. Chr.), griechischer Reformer der Antike 94
Kleopatra (69–30 v. Chr.), Geliebte Caesars 21
Kolumbus, Christoph (1451–1506), Entdecker Amerikas 116ff.
Konstantin I. (280–337), römischer Kaiser 70, 90, 100
Kubilai Khan (1215–1294), mongolischer Kaiser von China 27ff.
Leibniz, Gottfried Wilhelm (1646–1716), deutscher Philosoph 89
Lenbach, Franz von (1836–1904), deutscher Maler 55
Lenin (1870–1924), Gründer der Sowjetunion 57ff., 61f., 151ff.
Leo III. († 965), Papst 24, 110
Leo IX. (1002–1054), Papst 102
Leo X. (1475–1521), Papst 119f., 122
Leonardo da Vinci (1452–1519), italienischer Maler und Bildhauer 83f.
Lessing, Gotthold Ephraim (1729–1781), deutscher Dichter-Philosoph 88f.
Lincoln, Abraham (1809–1865), 16. Präsident der USA 49ff.
Locke, John (1632–1704), britischer Aufklärer 88, 133
Lothar I. (795–855), Kaiser des hl. Römischen Reichs 113
Lü Buwei (3. Jh. v. Chr.), chinesischer Kanzler 15
Ludwig der Deutsche (um 822–875), König von Ostfranken 113ff.
Ludwig XIII. (1601–1643), König von Frankreich 125
Ludwig XIV. (1638–1717), König von Frankreich 125
Ludwig XVI. (1754–1793), König von Frankreich 135ff.
Luther, Martin (1483–1546), deutscher Reformator 85, 120ff.
Machiavelli, Niccolo (1469–1527), italienischer Staatstheoretiker 83
Mao Zedong (1893–1976), chinesischer Diktator 17, 63
Maria II. (1662–1694), Frau von Wilhelm von Oranien 128
Maria-Theresia (1717–1780), Königin von Ungarn und Böhmen 39f.
Martell, Karl (um 668–741), fränkischer Hausmeier und Großvater von Karl d. Großen 22
Marx, Karl (1818–1883), deutscher Philosoph und Ökonom 89

Mazarin, Jules (1602–1661), französischer Kardinal und Außenminister 125
Medici, Lorenzo di (1449–1492), Politiker und Kunstmäzen 81, 118
Mehmed II. (1432–1481), türkischer Sultan 79
Melanchthon, Philipp (1497–1560), deutscher Dichter, Humanist und Reformator 122
Metternich, Klemens Wenzel Fürst von (1773–1859), österreichischer Außenminister 139f.
Michelangelo (1475–1564), italienischer Maler und Bildhauer 82, 84
Miltiades (um 550 – um 489 v. Chr.), griechischer Feldherr 95
Montesquieu (1689–1755), französischer Aufklärer 88
Münzer, Thomas (1489–1525), Reformator 122
Murad II. (1404–1451), türkischer Sultan 78
Muwatalli II. (13. Jh. v. Chr.), König der Hethiter 9
Napoleon Bonaparte (1769–1821), französischer Kaiser 45ff., 138
Napoleon III. (1808–1873), König von Frankreich 94
Nero (37–68), römischer Kaiser 98
Nesselrode, Karl Robert Graf von (1780–1862), russischer Diplomat 140
Nikolaus II. (1868–1918), letzter russischer Zar 150ff.
Octavian (63 v. Chr.–14 n. Chr.), römischer Reformer 98
Odoaker (um 430–493), germanischer Feldherr 70
Orhan I. (um 1314–1348), türkischer Sultan und Sohn von Osman I. 78
Osman I. (um 1290–1326), türkischer Sultan 78
Paulus, Friedrich (1890–1957), deutscher Generaloberst 161f.
Peter I. (1672–1725), der Große, russischer Zar 34ff.
Petrarca, Francesco (1304–1374), Philosoph 81
Philipp II. (um 382–336 v. Chr.), Makedonischer König und Vater von Alexander d. Großen 12, 69
Pippin (um 715–768), fränkischer Hausmeier und Vater von Karl d. Großen 22
Platon (427–347 v. Chr.), griechischer Philosoph 81, 95f.
Polo, Marco (1254–1324), mittelalterlicher Weltreisender 28ff.
Ptolemaios III. (284–221 v. Chr.), ägyptischer König 21
Qin Shi Huang Di (259–210 v. Chr.), Kaiser von China 15ff.
Raffael (1483–1520), italienischer Maler und Baumeister 83
Ramses II. (um 1298 – um 1213 v. Chr.), ägyptischer Pharao 9ff.
Remarque, Erich Maria (1898–1970), deutscher Schriftsteller 148
Richelieu, Armand-Jean de (1585–1642), französischer Kardinal und Außenminister 125
Robespierre, Maximilien (1758–1794), französischer Revolutionär 137f.

Namenverzeichnis

Romulus Augustus († 476), letzter römischer Kaiser 70
Roosevelt, Franklin D. (1882–1945), 32. Präsident der USA 163ff.
Rousseau, Jean Jacques (1712–1788), französischer Aufklärer 88
Salomon († 926 v. Chr.), König des antiken Israel und Sohn von David 90
Schiller, Friedrich (1759–1805), deutscher Dramatiker 88
Sethos I. (13. Jh. v. Chr.), ägyptischer Pharao und Vater von Ramses II. 9
Smith, Adam (1723–1790), britischer Ökonom 88
Sokrates (um 469–399 v. Chr.), griechischer Philosoph 95
Stalin, Josef (1879–1953), sowjetischer Staatschef und Diktator 58ff., 152, 163ff.
Süleyman »der Prächtige« (1494–1566), türkischer Sultan 78, 103
Sulla (138–78 v. Chr.), römischer Diktator 19ff.
Talleyrand, Charles-Maurice de (1754–1838), französischer Außenminister 140
Tetzel, Johann (1465–1519), Ablasseintreiber 119f., 122
Themistokles (um 525 – um 459 v. Chr.), griechischer Feldherr 68
Tilly, Johann Tserclaes (1559–1632), deutscher Heerführer 125
Tizian (1477–1576), italienischer Maler 83f.
Trotzki, Leo (1879–1940), russischer Revolutionär 58f., 151f.
Trumbell, John (1758–1841), amerikanischer Maler, 132
Urban II. (um 1035–1099), Papst 92
Valentinian I. (321–375), römischer Kaiser 70f.
Vespucci, Americo (1454–1512), Entdecker Amerikas 116, 118f.
Victoria (1819–1901), Königin von England 74, 76
Voltaire (1694–1788), französischer Aufklärer 88
Waldseemüller, Martin (um 1470 – um 1520), deutscher Kartograf 119
Wallenstein, Albrecht Wenzel Eusebius von (1583–1634), deutscher Heerführer 125
Wartenberg, Franz Wilhelm Graf von (um 1580–1633), Bischof von Osnabrück 123
Washington, George (1732–1799), 1. Präsident der USA 41ff.
Wels, Otto (1873–1939), deutscher Politiker und SPD-Vorsitzender 153f.
Wilhelm I. (1797–1888), König von Preußen und deutscher Kaiser 54, 56
Wilhelm II. (1849–1941), deutscher Kaiser 56
Wilhelm von Oranien (1533–1584), König von England 127ff.
Xerxes (um 519–465 v. Chr.), König von Persien 68
Zwingli, Ulrich (1484–1531), Züricher Reformator 122

Bildnachweis

Accademia, Florenz   82
AGE Fotostock, Barcelona   58, 79
akg-images, Berlin   38 (Foto Dieter E. Hoppe) 55, 68 (Foto Nimatallah)
Bildarchiv Steffens   91 (Foto L. Janicec), 97
Camera Press Ltd., London   75
Grafik Achim Norweg   14, 72, 115
Louvre, Paris   135
Nationalmuseum Chateaux   46
Sammlung Preußischer Kulturbesitz, Berlin, Standort: London,
    House of Lords – Records Office   129

Alle anderen Abbildungen stammen aus den Archiven der Autoren und des Herausgebers.

dtv
Einfach wissen

Das Wichtigste über uns und die Welt, für alle, die was wissen wollen

- Grundwissen zu den jeweiligen Sachgebieten
- Über Menschen, Sachverhalte, Epochen, Ereignisse, Schauplätze
- Verfasst von namhaften Wissenschaftspublizisten
- Mit Leseempfehlungen und anderen weiterführenden Hinweisen

Herausgeber der Reihe: Olaf Benzinger

Das Wichtigste über
Literatur & Sprache
Von Johannes Balve
ISBN 3-423-**34361**-3

Das Wichtigste über
Mensch & Gesundheit
Von Thomas Deichmann
und Thilo Spahl
ISBN 3-423-**34362**-1

Das Wichtigste über
Natur & Technik
Von Thomas Deichmann
und Thilo Spahl
ISBN 3-423-**34363**-X

Das Wichtigste über
Länder & Kontinente
Von Claudia Eberhard-Metzger
ISBN 3-423-**34364**-8

Das Wichtigste über
Geschichte & Zeitgeschichte
Von Matthias und Kerstin
von Hellfeld
ISBN 3-423-**34365**-6

Das Wichtigste über
Kunst & Musik
Von Susanna Partsch
und Olaf Benzinger
ISBN 3-423-**34366**-4

Das Wichtigste über
Politik & Wirtschaft
Von Jeanne Rubner
und Arthur Carlson
ISBN 3-423-**34367**-2

Das Wichtigste über
Religion & Philosophie
Von Matthias Viertel
ISBN 3-423-**34368**-0

Bitte besuchen Sie uns im Internet: www.dtv.de